oekom

Klimaneutral
Verlag
ClimatePartner.com/53585-1805-1001

Selbstverpflichtung zum nachhaltigen Publizieren

Nicht nur publizistisch, sondern auch als Unternehmen setzt sich der oekom verlag konsequent für Nachhaltigkeit ein. Bei Ausstattung und Produktion der Publikationen orientieren wir uns an höchsten ökologischen Kriterien. Inhalt und Umschlag dieses Buches wurden auf 100 Prozent Recyclingpapier, zertifiziert mit dem FSC®-Siegel und dem Blauen Engel (RAL-UZ 14), gedruckt. Alle durch diese Publikation verursachten CO_2-Emissionen werden durch Investitionen in ein Gold-Standard-Projekt kompensiert. Die Mehrkosten hierfür trägt der Verlag. Mehr Informationen finden Sie hinten im Buch und unter: www.oekom.de/allgemeine-verlagsinformationen/nachhaltiger-verlag.html

Bibliografische Information der Deutschen Nationalbibliothek: Die Deutsche Nationalbibliothek verzeichnet diese Publikation in der Deutschen Nationalbibliografie; detaillierte bibliografische Daten sind im Internet über http://dnb.d-nb.de abrufbar.

Gesellschaft für ökologische Kommunikation mbH, Waltherstraße 29, 80337 München

Umschlaggestaltung & Layout: www.buero-jorge-schmidt.de
Umschlagabbildung: unsplash/shannacamilleri
Lektorat: Laura Kohlrausch, oekom verlag
Korrektorat: Silvia Stammen
Satz: Ines Swoboda, oekom verlag

Druck: Friedrich Pustet GmbH & Co. KG, Regensburg

ISBN 978-3-96238-054-0

FSC
www.fsc.org
RECYCLED
Aus Recyclingmaterial
FSC® C014889

VORWORT

Sie kennen diesen Moment, morgens vor dem Kleiderschrank: Sie finden nichts, was Sie an diesem Tag anziehen möchten. Dabei hängen Dutzende Kleidungsstücke im Schrank, doch mit jedem einzelnen stimmt etwas nicht: zu kurz, zu festlich, schon etwas aus der Form, Kaffeefleck geht nicht raus, Knopf fehlt.

Die Lösung scheint so nah: schnell zu H&M, Zara oder Primark und was Neues kaufen. Kostet ja nicht viel und löst sofort das Problem. Doch wenige Tage später stehen Sie wieder ratlos vorm Schrank.

Und natürlich haben Sie immer wieder gehört, dass grundsätzlich etwas falsch läuft in der Textilindustrie, und wollen etwas ändern. Doch welche Alternativen gibt es und auf was sollten Sie achten?

»Einfach anziehend« hilft Ihnen, genau hinzuschauen und abzuwägen, und formuliert Faustregeln, an denen Sie sich orientieren können.

Das Wichtigste, was Sie brauchen, ist Geduld. Die bewusste Auseinandersetzung mit dem eigenen Kleiderstil und Kleiderschrank benötigt Zeit. Alles, was Umdenken und Umgewöhnen erfordert, geschieht nicht von heute auf morgen, sondern Schritt für Schritt. Rückschläge eingeschlossen.

Aber scheuen Sie sich nicht, diesen Weg zu gehen. Eine nachhaltige Garderobe zusammenzustellen hat etwas ungeheuer Befreiendes. Es ist die Befreiung von dem Übermaß, das uns stresst, vom schlechten Gewissen, das uns plagt – und von dem täglichen Frust, nie so ganz zufrieden mit dem eigenen Outfit zu sein.

Es geht uns nicht darum, Ihren Stil zu ändern oder den Kleiderschrank radikal auszumisten. Wir möchten, dass Sie bewusster mit den Dingen umgehen, die Sie haben. Vielleicht entdecken Sie dabei alte Schätze wieder, die sie jahrelang gehortet und fast vergessen haben. Unser Ratgeber gibt Anregungen, wie man ungewöhnliche Vintage-Klamotten

findet, langweilige Sachen aufpeppt und schicke Outfits kombiniert, ganz ohne neue Teile zu kaufen. Und wenn es doch neu sein soll, zeigen wir Ihnen, woran man nachhaltige Kleidungsstücke im Siegeldschungel erkennt und welche Materialien und Herstellungsverfahren umwelt- und sozialverträglich sind.

Keine Angst, Sie müssen nicht alle Vorschläge abarbeiten. Suchen Sie sich Aspekte heraus, die Ihnen besonders interessant oder überzeugend erscheinen und testen Sie, was bei Ihnen die Feuertaufe im Alltag besteht. Dieser Ratgeber soll Sie anregen, Ihren eigenen Weg zu finden. Und nun legen Sie los – es ist Zeit für eine Revolution im Kleiderschrank!

Kirsten Brodde

WAS STECKT HINTER DER MODE-INDUSTRIE?

Die Textilindustrie ist eine der wirtschaftlich bedeutsamsten Industrien weltweit. Doch Mensch und Natur leiden unter den schlechten Produktionsbedingungen. Dabei ist es nicht nur problematisch, wie Kleidung produziert wird, sondern auch, wie viele Klamotten jeden Tag die Fabriken verlassen.*

* Quellenverweise zu den Zahlen und Fakten in diesem Kapitel finden Sie auf Seite 137.

Gigantische Produktionsmengen

In den Jahren 2000 bis 2016 hat sich die Menge der Textilproduktion weltweit verdoppelt – 2014 durchbrach sie die Schwelle von 100 Milliarden Kleidungsstücken. Doch das ist noch längst nicht das Ende: Die Bekleidungsindustrie erwartet, ihre Produktion bis 2030 noch einmal um 62 Prozent steigern zu können. 2030 wird die Weltbevölkerung dann jedes Jahr unvorstellbare 102 Millionen Tonnen Kleidungsstücke verbrauchen – eine Menge, die 500 Milliarden T-Shirts entspricht. Und diese Textillawine wird zu fast 70 Prozent aus Kunstfasern bestehen.

Gigantische Umsätze

Die Textilindustrie spielt jährlich 1,3 Billionen US-Dollar ein. H&M-Chef Karl-Johan Persson und Zara-Gründer Amancio Ortega zählen zu den reichsten Menschen der Welt – mit billiger Mode lässt sich viel verdienen.

Und das Geld fließt zunehmend in Kleidung, die den Verbraucher immer weniger kostet: Mit seiner Billigstrategie ist der irische Textilhändler Primark inzwischen unter die zehn größen Modeanbieter Europas aufgestiegen, hinter dem Zara-Mutterkonzern Inditex und H&M, aber vor C&A und weit vor Kik.

Konsum in Deutschland

Jeder Deutsche kauft 60 neue Kleidungsstücke im Jahr – das sind fünf neue Kleidungsstücke pro Monat. Gleichzeitig quellen unsere Kleiderschränke über. Bis zu 40 Prozent unserer Kleidung tragen wir selten oder nie.

Fast die Hälfte der Deutschen gibt in Umfragen an, noch nie Kleidung selbst repariert oder zum Schneider gebracht zu haben. Jeder achte Deutsche trägt seine Schuhe weniger als ein Jahr und über die Hälfte der 18- bis 29-Jährigen war noch nie beim Schuhmacher. Mode ist zum Wegwerfartikel geworden.

Kleidermüll

Während die Deutschen drei Viertel ihrer Altkleider sammeln, sind es in den USA lediglich 15 Prozent und in China sogar nur 10 Prozent. Weltweit landet der Löwenanteil der nicht mehr genutzten Textilien also auf dem Müll.

Die Verschwendung beginnt schon in der Produktion. In der Regel bleiben bei der Fertigung eines Kleidungsstückes 25 Prozent »Abfall« übrig, gelegentlich sogar bis zu 40 Prozent.

Einmal auf dem Müll, gibt es für die Stoffe kaum eine Chance auf ein zweites Leben. Weniger als ein Prozent des Materials aus der globalen Kleiderproduktion wird zu neuer Kleidung recycelt.

Dabei landet nicht nur getragene oder kaputte Kleidung auf der Müllhalde. Selbst neuwertige Mode wird vernichtet. 2017 wurde beispielsweise der schwedische Textilriese H&M beim Verbrennen von unverkäuflicher Ware erwischt. Allein in Dänemark wurden von der Firma seit 2013 jährlich 12 Tonnen Kleidung verbrannt. H&M musste einräumen, dass dies eine weltweite Praxis ist.

Um fair zu sein, muss man sagen, dass H&M da keine Ausnahme darstellt. Ladenhüter zu vernichten ist unter Textildiscountern üblich. Und paradoxerweise machen Edelmarken genau dasselbe. Nicht, weil sie keine Abnehmer fänden, sondern weil sie um ihr elitäres Image fürchten. Der ganzen Branche ist der Respekt vor ihren Produkten abhandengekommen. Kleidung gilt heute nicht mehr als ein Joghurtbecher oder eine Plastiktüte.

Billigmode schadet den Menschen

In der Textilindustrie arbeiten weltweit rund 75 Millionen Menschen, 85 Prozent davon Frauen, meist junge Frauen. In Asien allein sind 15 Millionen ArbeiterInnen mit der Herstellung von Kleidung beschäftigt. Zählt man Baumwollbauern und VerkäuferInnen im Einzelhandel mit, steigt die Zahl der ArbeiterInnen auf 300 Millionen Menschen weltweit.

In Asien, wo der Großteil der Kleidung produziert wird, betragen die gesetzlichen Mindestlöhne dabei oft weniger als die Hälfte der Löhne, von denen es sich vor Ort menschenwürdig leben lässt. In Bangladesch sitzen Frauen beispielsweise für nur 51 Euro pro Monat an den Nähmaschinen – das sind die niedrigsten Löhne weltweit.

Im Schnitt muss der Vorstandsvorsitzende eines der fünf führenden Unternehmen der Modebranche nur vier Tage arbeiten, um genauso viel zu verdienen wie eine Textilarbeiterin in Bangladesch in ihrem ganzen Leben, sagt Oxfam.

Der Einsturz des Fabrikgebäudes Rana Plaza 2013 in Bangladesch zeigte, wie skrupellos die Textilbranche ist. Arbeitssicherheit und Brandschutz werden routinemäßig missachtet. Millionen Menschen werden in Billiglohnländern von den konventionell produzierenden Textilfirmen skrupellos ausgebeutet.

Billigmode schadet der Umwelt

Auf Baumwollfeldern kommen 16 Prozent der weltweit eingesetzten Pestizide zum Einsatz – der mit Abstand größte Nutzer ist Brasilien.

Beim Anbau von Bio-Baumwolle sind giftige Insekten- und Unkrautkiller zwar verboten, gerade mal 0,4 Prozent der globalen Baumwoll-Produktion stammen aber momentan aus ökologischem Anbau.

Ist der Rohstoff in der Fabrik angekommen, geht die Umweltverschmutzung weiter: 20 Prozent der Wasserverschmutzung weltweit gehen auf das Konto der Textilindustrie. Jährlich werden hier 1,7 Millionen Tonnen Farbstoffe verbraucht. Für ein einziges T-Shirt mit Aufdruck sind 20 bis 30 verschiedene Chemikalien nötig. Die Herstellung einer Jeans verbraucht etwa 7.000 Liter Wasser, eines T-Shirt 2.700 Liter. Belastet mit giftiger Chemie, landet das Abwasser aus Färbereien oder Druckereien dann in Flüssen und Seen. Kläranlagen gibt es oft nicht. Wie gefährlich diese Chemikalien für Mensch und Umwelt sind, zeigen seit 2011 die Detox-Reports von Greenpeace.

Auch die Produktion von Kleidung verbraucht Energie und heizt das Klima auf: 2015 waren die Treibhausgas-Emis-

sionen der Textilindustrie höher als die der internationalen Luftfahrt und Schifffahrt zusammen. 8 Prozent des globalen Treibhausgas-Ausstoßes gehen momentan auf das Konto der Textilindustrie – das entspricht der Klimawirkung der Europäischen Union.

Inzwischen enthalten über 60 Prozent der Kleidung weltweit Polyester. Die billige Kunstfaser ist der große Treiber der Fast-Fashion-Industrie – und entpuppt sich als Desaster für die Ozeane. Denn Kleidungsstücke fusseln bei jeder Wäsche: Eine einzige Fleecejacke kann bis zu einer Million Fasern pro Waschgang freisetzen, die dann in Flüsse und Meere gelangen.

Fakten, die Hoffnung machen

Inzwischen beweisen unzählige Modelabels, dass es möglich ist, anders zu produzieren und fair zu bezahlen. Und auch beim Design muss man keine Abstriche mehr machen. Diese Vorhut zeigt, was eigentlich für die Modebranche eine Selbstverständlichkeit sein sollte.

Auch die Konsumenten denken um. Der Ausstieg aus dem ständigen (Neu)kauf wird immer populärer: Bei einer repräsentativen Umfrage in Deutschland zum Konsum von morgen gaben 63 Prozent der Befragten an: »In Zukunft gilt als cool, wer nicht alles haben muss.«

STARTEN SIE DIE REVOLUTION IM SCHRANK

Wir machen Sie fit für den Weg zu einer nachhaltigen Garderobe. Schritt für Schritt können Sie so Ihr eigenes Kleiderschrank-Programm planen und starten.

WIR HABEN GENUG! PLÄDOYER FÜR EINEN ANDEREN LEBENSSTIL

Wir sind nicht, was wir haben. Wir sind auch nicht, was wir anziehen.
Und schon gar nicht sind wir, was wir kaufen und besitzen.
Wir sind, was wir tun. Was wir denken. Wofür wir uns engagieren.

Wir träumen von einem Leben, das uns Zeit lässt für das, was uns wirklich wichtig ist. Wir sind es leid, das halbe Wochenende beim Shoppen zu vertrödeln. Oder stundenlang vor dem Laptop zu sitzen, um Blogs und Onlineshops nach den neuesten Trends zu durchforsten. Es nervt uns, alle paar Monate den übervollen Kleiderschrank auszumisten und tütenweise Klamotten zum Container zu tragen, die eigentlich noch ganz in Ordnung sind.

Wir haben genug. Genau genommen haben wir sogar viel zu viel. Die Menge an Kleidung erdrückt uns. Sie macht sich in unseren Gedanken breit und fordert unsere Aufmerksamkeit. Es ist höchste Zeit, dass wir uns befreien! Um unserer selbst willen, aber auch um unserer Erde willen, die wir mit unserem ungebremsten Konsum zerstören.

Sauber, fair und umweltverträglich zu konsumieren sind wichtige Schritte in die richtige Richtung. Aber wir wollen nicht einfach dieselbe Menge Mode in Grün einkaufen – auch wenn sie giftfrei ist und aus Bio-Baumwolle. Wir wollen keine Verbraucher mehr sein. Wir sind lieber Nutzer. Wir teilen, tauschen und leihen. Statt Kleidung zu verbrauchen, werden wir sie wertschätzen, pflegen und flicken. Politiker und Modeindustrie reden uns gern ein, es seien genug Raum und Rohstoffe da, um weiterzumachen wie bisher. Doch das ist eine Illusion.

Mit unkonventionellen Ideen befreien wir uns von Konsumzwang und Modediktat. Wir reaktivieren Kleidung,

die wir schon haben. Wir kreieren unseren eigenen Stil mit Fundstücken aus dem Secondhand-Laden oder aus dem Kleiderschrank von Freunden, die wir einfallsreich verändern und kombinieren. So ersetzen wir Rohstoffverbrauch durch Handarbeit und Ideen.

Wir schonen die Umwelt und haben zugleich Spaß an der Gemeinsamkeit mit anderen und am kreativen Umgang mit den Dingen. Statt mit Statussymbolen nach Bewunderung zu heischen, finden wir echte Anerkennung für unsere Fähigkeiten und unsere Fantasie. Wir verbrauchen nicht länger. Aber wir verzichten auch nicht. Wir verlieren nämlich nichts, wenn wir auf den nächsten billigen Fummel verzichten, sondern wir gewinnen etwas: Unsere Freiheit.

UNSER MODE-FAHRPLAN
ZEHN SCHRITTE GEGEN WEGWERFMODE

In zehn einfachen Schritten zu einem nachhaltigen Kleiderschrank? Klingt fast zu schön, um wahr zu sein. Mitten im Modeüberfluss sind bereits viele gute Ideen entstanden, die Ihnen beim Umsteigen helfen.

1 VORHANDENES NEU ENTDECKEN

Einfacher geht es eigentlich gar nicht: Öffnen Sie Ihren Kleiderschrank und entdecken Sie noch einmal neu, was Sie bereits besitzen. Geben Sie sich ein wenig Zeit und graben Sie nach den Sachen ganz hinten, die schon lange keine Körperwärme mehr gespürt haben. Kombinieren Sie den dicken Strickpulli mit dem Lieblings-Jeansrock, die Boyfriend-Jeans mit dem geblümten Cardigan, das Anzughemd mit der Sweathose. Ignorieren Sie Jahreszeiten – ein dünneres Sommerkleid lässt sich im Winter auch mit dicken Strumpfhosen und einer Strickjacke tragen. Solche Experimente bringen neue Looks hervor – ganz ohne Neukauf.

TIPP Zu zweit geht es einfacher! Schnappen Sie sich die beste Freundin, den besten Freund oder die eigenen Kinder und machen Sie sich einen gemütlichen Nachmittag mit Ihren vorhandenen Klamotten. Da ist das eine oder andere neue Outfit schnell zusammengestellt.

2 LIEBLINGSSTÜCKE REPARIEREN

Der dicke Strickpulli passt zwar zum neuen Rock, hat aber ein Loch? Lang lebe der Pullover! Wenn man etwas schätzt, kümmert man sich ganz automatisch darum. Schuhe repariert der Schuhmacher, kaputte Reißverschlüsse ersetzt der Änderungsschneider – und die Löcher im Strickpulli sind mit Nadel und Faden in erstaunlich wenigen Minuten selbst gestopft. Das Schwierigste dabei: den Moment finden, in dem man es macht. Was man beim Reparieren von Kleidung lernt: »Solide ist das neue Cool«. Je besser die Kleidung hergestellt ist, desto weniger muss man später flicken.

TIPP Wenn Sie keine Zeit haben, sich sofort um das kaputte Kleidungsstück zu kümmern, dann legen Sie es nicht zurück in den Schrank oder die Schublade, sondern an einen Ort in Ihrer Wohnung, den Sie mögen. So erinnern Sie sich automatisch daran, dass Sie das gute Stück flicken wollten. Besonders angesagt sind »sichtbare Reparaturen«, die die Kleidung zum personalisierten Unikat machen.

3 UNGELIEBTES VERÄNDERN

Was beim Kleiderschrankexperiment noch keine neue Verwendung gefunden hat, muss nicht zwangsläufig weggeschmissen werden. Machen Sie daraus einfach etwas Neues. Heute heißt das *upcyceln*. Kürzen, färben, bedrucken – ändern und umstylen lässt sich alles. So kann mit dem ein oder anderen Kniff aus einem zu weiten Rock eine neue Tasche entstehen oder aus dem ungünstig geschnittenen Kleid ein schönes T-Shirt. Die schnellste Möglichkeit für zu Hause: ein Bügelbild oder ein Print auf ein altes T-Shirt. Tutorials gibt es im Internet!

TIPP Sie wissen trotzdem nicht wie? Lassen Sie sich doch einen Kurs schenken, der Ihnen das beibringt. Das macht zum einen Spaß, zum anderen ist man automatisch Teil einer großen neuen Bewegung, denn: Selbermachen erlebt gerade ein echtes Comeback. In diesem Sinne: #makesmthng

4 UND SONST: WEITERGEBEN

Sie und die Hose, Sie kommen doch nicht mehr zusammen? Dann schenken Sie ihr ein zweites Leben. Geben Sie sie an Freundin oder Bruder weiter, bieten Sie sie einem Secondhand-Laden, dem Oxfam-Shop oder auf dem Flohmarkt in der Nähe an. Wenn das Weitergeben erst mal eingeschliffen ist, fällt es immer leichter.

TIPP

Sollten manche Kleidungsstücke doch nicht mehr weiterzugeben oder zu reparieren sein, dann sollten sie in die Altkleidersammlung und idealerweise recycelt werden. Wo Sie die passende Stelle dafür finden und wem Sie bei der Verwertung von Klamotten vertrauen können, erfahren Sie im Kapitel Recycling, Kleiderspende & Co, ab Seite 32.

5 NEUES GEWÜNSCHT? SECONDHAND!

Trotz neuer Kombis könnte Ihr Kleiderschrank frischen Wind vertragen? Das muss nicht Neukauf heißen, denn Vintage ist voll angesagt. Stöbern durch vergangene Zeiten kann man inzwischen in etlichen gut sortierten

Secondhand-Läden und Vintage-Boutiquen, die sorgfältig ausgesuchte Schätze anbieten. Vintage-Onlineshops bieten mittlerweile auch hochwertige Produkte an, die direkt nach Hause geliefert werden.

TIPP Sollten Sie in kleinen Läden die große Auswahl vermissen, dann besuchen Sie doch einmal größere lifestylige Vintage-Events wie zum Beispiel von Vinokilo. Bezahlt wird dort meist der Kilopreis – Inspiration inklusive. Auch Flohmärkte in den richtigen Stadtteilen können wahre Vintage-Fundgruben sein. Schwierig ist es nur, wenn man das gesuchte Kleidungsstück gedanklich schon detailliert vor Augen hat.

6 NICHTS GEFUNDEN? EINFACH TAUSCHEN!

Organisieren Sie eine Tauschparty mit Freundinnen und tauschen Sie sich aus! Jede/r bringt mindestens fünf Teile mit, probiert die Sachen an – und dann wechseln die Teile die Besitzer. Ergebnis: fünf Schrankhüter weniger, dafür fünf neue Teile. Ohne Geld und Ressourcenverbrauch. Wer ein größeres Angebot möchte, besucht eine Kleidertauschparty, zum Beispiel von Greenpeace. Eine aktuelle Übersicht der Angebote gibt es unter kleidertausch.de.

TIPP Erzählen Sie die Geschichten hinter den Sachen, bevor Sie sie eintauschen. Sie werden sehen: Die gemeinsame Zeit vergeht wie im Fluge und die nächste Kleidertauschparty ist schnell organisiert.

7 MEHR ABWECHSLUNG GEWÜNSCHT? LEIHEN IST DER NEUE TREND

Was bei Autos oder Bohrmaschinen schon üblich ist, kommt auch bei Kleidung in Mode. Leihen Sie Kleidung für spezielle Anlässe oder schließen Sie ein Kleiderabo bei einer Modebibliothek (zum Beispiel der Kleiderei) ab. Jeden Monat kommt dann ein neues Paket mit geliehenen Trend- oder Designerteilen. Passend zum eigenen Stil und zur eigenen Größe. Die Modebibliotheken assistieren sogar gratis mit Stilberatung. Probieren Sie es einfach aus – was sich anfangs vielleicht etwas seltsam anfühlt, wird schnell zur Routine.

TIPP Kleidung kann sogar geleast werden. Eine Jeans von MUD aus den Niederlanden etwa kann man so lange tragen, wie man will. Gefällt sie einmal nicht mehr, kann sie gegen eine andere eingetauscht werden.

8 NICHTS HAT GEHOLFEN? DANN KAUFEN SIE NEU – ABER RICHTIG

Die Strickjacke ist so schön, Sie wollen Sie einfach haben? Dann ist das kein Problem. Achten Sie bei neuer Kleidung darauf, dass sie öko und fair ist. Das beste Angebot an gut gemachter Ökomode findet sich in spezialisierten grünen Concept Stores und »grünen« Onlineshops. Dort können Sie auch alle Fragen stellen, die Ihnen zum Thema zertifizierte Mode einfallen, denn die Inhaber kennen sich gut aus.

TIPP Eine umfangreiche Ladenliste von grünen Concept Stores in Deutschland gibt es in unserem Serviceteil.

9 UNSICHER BEIM KAUF? DARAUF KÖNNEN SIE ACHTEN

Orientierung beim Kauf öko-fairer Kleidung bieten nicht nur spezielle Stores, in denen man sich persönlich beraten lassen kann, sondern auch die Textilsiegel. Nur leider gibt es so viele davon: GOTS, FWF oder IVN Best, um nur einige wenige zu nennen. Wer sich Durchblick im Siegeldschungel verschaffen will, liest einfach den Labelratgeber von Greenpeace oder der Christlichen Initiative Romero (CIR).

TIPP Keine Sorge vor zu vielen Siegeln und Erklärungen. Letztlich ist es ganz einfach: Nur eine Handvoll Zeichen muss man kennen, um für den nächsten Kauf gerüstet zu sein. Siehe die kompakte Übersicht im Kapitel Textilsiegel, ab Seite 70.

10 ZU GUTER LETZT: MACHEN SIE SICH FREI

Lassen Sie sich nicht bevormunden von einem Modediktat, dass heute schulterfrei und morgen Tigerprints vorschreibt. Finden Sie Ihren eigenen Stil und widerstehen Sie dem ständigen »Kauf mich« der Werbeindustrie.
Es ist machbar, weniger zu kaufen und dabei glücklich zu sein. Glück lässt sich nämlich sowieso nicht in Tüten kaufen. Probieren Sie einmal aus, sich für eine bestimmte Zeit nur auf das Wesentliche zu beschränken, etwa mit der Klamottenkur (klamottenkur.de), oder arbeiten Sie gezielt an einer übersichtlichen Basisgarderobe aus gut kombinierbaren Teilen.

TIPP Nicht nur für Eltern, sondern auch für Kinder zu empfehlen: Der Song »Lass liegen« von Alligatoah.

Kirstens Video zu den zehn Tipps finden Sie hier:
youtube.com/watch?v=73xvpvOtcHg

DER KLEIDERSCHRANK-CHECK
MEHR PLATZ FÜR IHRE LIEBLINGSSACHEN

Wann haben Sie das letzte Mal etwas länger in Ihren Kleiderschrank geblickt? Machen Sie mit uns gemeinsam den Check, was in Zukunft Teil Ihres Kleiderschranks sein soll. Wir zeigen Ihnen, wie Sie Ihre Kleidung nicht nur ausmisten, sondern auch sinnvoll ergänzen können.

In unserem Grundkurs auf dem Weg zu einer nachhaltigen Garderobe geht es nicht darum, dass Sie Ihre Kleidungsstücke zählen oder ein schlechtes Gewissen haben, wenn Sie das ein oder andere Kleidungsstück nur selten getragen haben. Vielmehr wollen wir Sie dabei unterstützen, ein gutes Gefühl zu haben, wenn Sie zukünftig die Schranktüren öffnen und sich überlegen, was Sie heute anziehen wollen.

Deswegen wünschen wir uns von Ihnen: Seien Sie wählerisch! Entwickeln Sie Ihren eigenen Stil! Setzen Sie auf Qualität statt Quantität!

Die Bestandsaufnahme

Egal, wie viele Kleiderstücke Sie im Schrank haben – für eine erste Bestandsaufnahme ist es wichtig, einmal alle Kleidungsstücke aus dem Schrank zu räumen und in die Hand zu nehmen. Alleine schon dabei werden Ihnen manch schöne Dinge in die Hände fallen, die Sie einmal mochten, die aber aus unterschiedlichen Gründen im Schrank nach hinten gewandert sind. Sie werden sicherlich auch einige Dinge ohne viel Beachtung wieder zur Seite legen. All das ist vollkommen in Ordnung und einer der vielen Schritte zu einer nachhaltigen Garderobe.

So geht's los:

Stellen Sie sich folgende Fragen und legen Sie die Kleidungsstücke danach sortiert auf Ihr Bett oder breiten Sie sie an einem geeigneten Ort aus:

1. Was ziehen Sie regelmäßig an?
2. Was lieben Sie, obwohl Sie es nicht regelmäßig tragen?
3. Was würden Sie gerne noch behalten, wenn es repariert wurde?
4. Was haben Sie seit sechs Monaten nicht mehr getragen?
5. Was haben Sie seit über einem Jahr nicht mehr getragen?

Ziel dabei ist es, einen Überblick zu bekommen, was Sie in Ihrem Kleiderschrank eigentlich wirklich haben möchten.

Nun beginnt die Selektion:

- Kleidung N° 1 und N° 2 wandert nach einer kleinen Analyse wieder in Ihren Schrank zurück.
- Kleidung N° 3 sollten Sie am besten in eine Tasche packen und sich informieren, wo der nächste Schneider ist, der Ihnen beim Ausbessern helfen kann. Manchmal ist der Weg auch viel kürzer, wenn Sie jemanden im Freundeskreis haben, der Ihnen beim Reparieren helfen kann. Oft reichen bereits Nadel und Faden aus, um ein Kleidungsstück wieder tragbar zu machen.
- Kleidung N° 4 und N° 5 stellt Sie vor die größte Herausforderung: Trennen Sie sich von diesen Kleidungsstücken oder nicht? Wenn Ihnen diese Entscheidung schwerfällt, haben wir einen Tipp für Sie: Packen Sie auch diese Kleidungsstücke in eine Tasche. Wenn Sie den Inhalt der Tasche auch nach mehreren Wochen nicht vermissen, können Sie diese Kleidungsstücke problemlos aussortieren.

Die Trennung

Wenn Sie sich dafür entschieden haben, Platz in Ihrem Kleiderschrank zu schaffen, bleibt noch eine weitere Entscheidung übrig: Wohin mit den aussortierten Teilen? Dafür gibt es vier naheliegende Lösungen:

1. Tauschen Fragen Sie in Ihrem Freundeskreis nach, wer Lust hätte, mit Ihnen Kleidung zu tauschen oder sogar eine Kleidertauschparty zu organisieren. Mit Sicherheit kennen Sie jemanden, der die gleiche Größe trägt oder einen ähnlichen Stil hat. Sie werden sehen, dass die Resonanz auf den Kleidertausch positiv ist.
2. Verkaufen Ob über Kleiderkreisel, eBay Kleinanzeigen oder auf dem Flohmarkt, Ihre kaum getragene Kleidung kann andere Menschen glücklich machen und Ihnen noch etwas Geld einbringen. Probieren Sie es aus.
3. Verschenken Wenn Sie jemanden in Ihrem Freundeskreis kennen, der schon immer dieses eine Kleid von Ihnen mochte, das Sie jetzt nicht mehr tragen, dann verschenken Sie es doch einfach! Sie werden sehen, wie viel Spaß es macht, mit einem aussortierten Kleidungsstück jemandem eine Freude zu bereiten.
4. Spenden Nicht nur Ihre Freunde werden sich über Ihre Kleidungsstücke freuen. Spenden Sie deswegen gut erhaltene Teile an lokale Einrichtungen wie Kleiderkammern oder fragen Sie bei Organisationen wie Oxfam oder den Maltesern nach, wo Sie Kleidung abgeben können. Auch Kirchen sammeln immer wieder Kleidung für Ihre Partnergemeinden.

Die Zusammenstellung

Nachdem Sie sich mit dem Aussortieren beschäftigt haben, fängt der Spaß erst richtig an. Wirkt die Trennung von Ungetragenem bereits befreiend, setzt die neue Zusammenstellung Ihres Kleiderschranks noch mehr Glückshormone frei. Lassen Sie sich von einem womöglich deutlich leereren Kleiderschrank nicht schrecken: Sie werden diesen Schritt für Schritt wieder mit neuen Lieblingsstücken füllen, die Sie gerne jeden Tag tragen werden. Außerdem wünschen wir Ihnen Mut zur Lücke – nicht jeder Kleiderbügel muss wieder behangen in den Schrank zurück.

Sehen Sie sich die Kleidung, die Sie behalten möchten, genauer an:

- Was gefällt Ihnen an dieser?
- Welche Farben tragen Sie gerne?
- Was ziehen Sie gerne im Büro an, was in der Freizeit, was eher am Abend auf der Couch?

Mit den Antworten auf diese Fragen erhalten Sie langsam aber sicher ein Gefühl für Ihren eigenen Stil. Tragen Sie etwa gerne Dunkelblau und Schwarz, mag das für manche vielleicht langweilig sein, ist aber ideal, um diese Lieblingsstücke gut mit anderen Teilen zu kombinieren. Tragen Sie eher viele Farben und Muster, kann es sein, dass Sie noch das ein oder andere einfarbige Kleidungsstück benötigen, um die Liebslingsstücke gut zur Geltung kommen zu lassen.

In einem zweiten Schritt dürfen Sie mutig sein! Kombinieren Sie Ihre Kleidungsstücke miteinander, stellen Sie Outfits, zum Beispiel für den Job, zusammen und probieren Sie diese auch gerne vor dem Spiegel an. Lassen Sie sich von Modeblogs und Instagram inspirieren, fragen Sie Ihre besten Freunde oder gehen Sie raus auf Flohmärkte und in Läden. Dabei werden Sie schnell merken, welche Outfits bereits vollständig sind und welche noch eine Ergänzung benötigen. Das, was aus Ihrer Sicht noch fehlt, schreiben Sie auf eine Liste, die sie nach den folgenden Überlegungen noch überarbeiten und ergänzen.

Ihre eigene Capsule Wardrobe

Wenn Sie bis hierhin zu einer nachhaltigen Garderobe gegangen sind, sind Sie kurz davor, eine eigene Capsule Wardrobe zu besitzen. Die Idee hinter diesem Trend ist, eine kleine, aber feine Garderobe aus ausgewählten Kleidungsstücken zu haben. Dazu zählen zum Beispiel Hosen, Shirts, Kleider, Blusen oder auch Pullover, die so zusammengestellt sind, dass sie sich gut miteinander kombinieren lassen. So können Sie daraus schnell und einfach unterschiedliche Outfits zusammenstellen.

Schritt für Schritt können Sie Ihren Kleiderschrank um die essenziellen Stücke ergänzen:

1. Basics Sie sorgen für Balance in Ihrem Kleiderschrank. Sie sind schlicht (bezüglich Farbe, Schnitt und Muster) und passen zu Ihrem Stil. Typische Basics sind T-Shirts, Jeans, Röcke oder auch Schuhe, die Sie gut mit Key- und Statement-Pieces kombinieren können.
2. Key-Pieces Sie sind vielfach einsetzbar und passen zu Ihnen wie der Topf auf den Deckel. Sie sind weder besonders auffällig noch total basic, sondern eine Mischung aus schick und lässig. Typische Key-Pieces sind Jacken und Mäntel, Stoffblusen, Hemden, Schuhe, Taschen oder Oberteile. Sie stellen in einer Capsule Wardrobe den größten Anteil im Kleiderschrank dar.
3. Statement-Pieces Sie sorgen für Abwechslung und den Aha-Effekt in Ihrem Kleiderschrank. Sie passen zu Ihrem Stil und sind dennoch etwas Besonderes und machen gute Laune. Typische Statement-Pieces sind auffällige Schuhe, Schmuck oder Caps, Oberteile, Kleider, Hosen und Röcke in auffälligen Mustern und Farben oder besonderen Details, die Sie mit Basics und Key-Pieces kombinieren können.

Trauen Sie sich zu, Ihren eigenen Stil zu finden und diesen auch in Ihren Outfits zu zeigen – egal, ob schlicht und minimalistisch oder auffällig und peppig. Hauptsache, Sie fühlen sich in Ihrer Kleidung jeden Tag wohl und tragen sie gerne.

Die Zukunft – so behalten Sie Ihre nachhaltige Garderobe!

Um Ihren neu entdeckten Kleiderschrank auch in Zukunft genießen zu können, folgen Sie einfach dieser Checkliste.

Regelmäßig den Kleiderschrank prüfen

Beschäftigen Sie sich mit dem, was Sie täglich auf der Haut tragen und mit dem Sie Spaß haben wollen. Sie sollten sich über den Blick in Ihren nachhaltigen Kleiderschrank freuen.

Ungetragenes aussortieren

Verbannen Sie Kleidungsstücke, die Sie nicht mehr tragen, aus Ihrem Schrank. Wo sie ein zweites Leben finden, wissen Sie ja nun!

Nach der Jahreszeit gehen

Kleidungsstücke, die zur jeweiligen Jahreszeit passen, sollten für Sie immer griffbereit sein, und unpassende Kleidungsstücke nicht das Regal verstopfen. Ideal ist, wenn zum Beispiel die Wintersachen im Sommer gut verstaut sind und erst bei den kälteren Temperaturen herausgesucht werden.

Lieblingsstücke pflegen

Kleine Macken an Ihren Lieblingsstücken können schnell und sollten zeitnah behoben werden, damit Sie weiterhin Spaß an ihnen haben.

Neue Lieblingsstücke finden

Achten Sie bei neuen Kleidungsstücken darauf, dass Sie sich darin vor allem wohlfühlen. Seien Sie wählerisch und achten Sie auf Qualität. Mit unseren Tipps zu Materialien und Siegeln finden Sie leicht nachhaltige Kleidungsstücke, an denen Sie lange Freude haben werden und die das Potenzial zu neuen Lieblingsstücken haben.

Alfs Tipp

Wenn Sie jetzt Lust bekommen haben, sich noch intensiver mit Ihrem Kleiderschrank, dem eigenen Stil, einer vollständigen Capsule Wardrobe und bewusstem Modekonsum auseinanderzusetzen, empfehle ich Ihnen das Buch »Das Kleiderschrank-Projekt« von Anuschka Rees. Dort erhalten Sie praktische Tipps rund um den eigenen Stil, einfache Stylingtricks und einen ausführlichen Leitfaden, wie Sie Ihren Kleiderschrank nachhaltig überholen können. Einfach erklärt und mit Schritt-für-Schritt-Anleitungen ist das Buch eine tolle Hilfestellung auf dem Weg zu einer nachhaltigen Garderobe.

RECYCLING, KLEIDERSPENDE & CO.
WOHIN MIT ALTEN SACHEN?

Wohin mit Kleidung, die weder im Freundeskreis getauscht noch auf dem Flohmarkt verkauft werden kann? Den Altkleider-Container halten viele für eine gute Lösung, denn die Hoffnung ist groß, dass die abgelegte Kleidung anderen Menschen noch hilft. Doch hier ist Vorsicht geboten.

Bestenfalls dienen die Kleidersammlungen gemeinnützigen Zwecken, sicher ist das aber leider nicht. Altkleiderhandel ist längst ein dickes Geschäft geworden. Die Kleidung wird gesammelt, sortiert und oftmals rund um den Erdball bis nach Afrika oder Asien transportiert, um sie weiterzuverkaufen.

Momentan schwillt die Welle von ausrangierter Kleidung durch schnelllebige Trends immer weiter an, und etliche bisherige Empfängerländer wollen sie nicht mehr. Die Gründe: Sie bekommen einfach mehr als sie aufarbeiten können oder tatsächlich brauchen – von der Schwächung der heimischen Textilindustrie einmal ganz abgesehen. Länder wie Ruanda wollen wieder mehr selber fertigen und planen deshalb, Secondhand-Importe zu bannen. China importiert bereits seit Anfang 2018 keine Abfälle mehr – dazu zählen auch Altkleider.

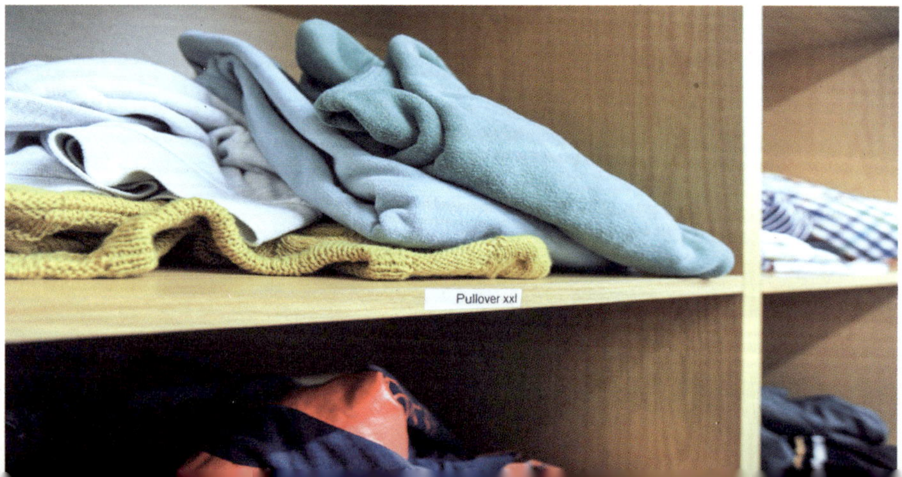

Dieses Problem ist nicht leicht zu lösen, aber alles ist besser, als Kleidung einfach in die Mülltonne zu werfen. Hier sind unsere 3 Tipps, wo Sie Altkleider am besten abgeben können:

1 KLEIDERKAMMERN, SOZIALKAUFHÄUSER ODER GEFLÜCHTETENHILFE

Diese Einrichtungen sammeln tragbare Altkleider für Bedürftige, ohne weite Transportwege. Online finden Sie Einrichtungen in Ihrer Nähe:

- Über die Suchmaske des Deutschen Roten Kreuzes: drk.de/hilfe-in-deutschland/existenzsichernde-hilfe/kleiderkammern/
- Eine Liste aller 180 Caritas-Kleiderkammern in Deutschland: caritas.de/suche?searchterm=kleiderkammer

In großen deutschen Städten gibt es zudem Sozialkaufhäuser, etwa die »allerhand«-Gebrauchtwarenläden der Stadtmission Nürnberg, »Weißer Rabe« in Nürnberg und München, das »Fahrkaufhaus« in Berlin oder »WarenGut« in Hamburg.

Ebenso gut ist es, Kleider direkt für Geflüchtete zu spenden – am besten an lokale Verteilerorganisationen vor Ort: »Hanseatic Help« in Hamburg, in Berlin zum Beispiel die »Arbeiterwohlfahrt«, in München etwa die »diakonia«. Bitte sehen Sie sich vor der eigentlichen Spende online die aktuellen Bedarfslisten an, damit an den Sammelstellen nur das ankommt, was die Menschen wirklich brauchen.

2 GEMEINNÜTZIGE SAMMELSTELLEN UND ALTKLEIDERCONTAINER

In Altkleidercontainern, etwa von der »Arbeiterwohlfahrt« oder den »Maltesern«, wird Getragenes gesammelt und an Bedürftige weitergegeben. Aber Achtung: Unter den Containern gibt es viele schwarze Schafe. Über Nacht illegal abgestellt, gaukeln sie mit erfundenen Siegeln Gemeinnützigkeit vor – und verkaufen die Sachen dann kommerziell weiter. Erkennen kann man diese schwarzen Schafe meist daran, dass kein Eigentümer vermerkt ist. Achten Sie auf die Auszeichnung »Fairwertung«, dann kommt die Kleidung auch wirklich einem guten Zweck zugute. Bei fairwertung.de oder bei den Kommunen, Städten oder Verbraucherzentralen finden Sie auch heraus, wo Ihre Kleidung landet.

In der Schweiz, aber auch in Deutschland und Österreich kann man Altkleider auch an die Firma »Texaid« (texaid.ch) spenden. Diese stellt Container an der Straße und in ausgewählten Geschäften auf oder holt Kleidersäcke an der Haustür ab. Von den Erlösen profitieren eine große Menge schweizerischer und internationaler Hilfsorganisationen.

Auch einige gemeinnützige Sammler verfahren übrigens nach dem Prinzip »Kleiderspenden gegen Geldspenden«. Dann verkaufen sie die Kleidung an große Textilsortierer wie »Soex« – und die Einnahmen kommen der gemeinnützigen Arbeit zugute. Denn: Wir rangieren jedes Jahr viel mehr Kleidung aus, als die Kleiderkammern hierzulande benötigen.

3 KOMMERZIELLE SAMMELSTELLEN

Auch diese gibt es. Sie sind die Zusatzoption. Über »packmee« kann man etwa seine Altkleider, Gardinen oder Schuhe sehr einfach per Paket loswerden: Einfach einen Karton vollpacken, online einen Paketschein ausdrucken und kostenlos verschicken. Das Gute daran: 50 Prozent der Erlöse gehen an das »Deutsche Rote Kreuz«.

Auch immer mehr Einzelhändler nehmen ihre Altkleider, egal, welcher Marke, wieder zurück und verkaufen sie meist an kommerzielle Textilsortierer wie »Soex« weiter. Dafür gibt's zum Beispiel bei H&M einen Rabatt auf den Neukauf. Das regt zum Mitmachen an, aber leider auch zum schnellen Neukauf. Und das umweltfreundlichste Kleidungsstück ist immer noch das, was erst gar nicht produziert wird, Recycling hin oder her. Daher: Die Einzelhändler-Sammelstelle ist zwar besser als die Mülltonne, aber unter den Verwertungsmöglichkeiten ist sie nur unsere drittbeste Lösung.

GEKOMMEN, UM ZU BLEIBEN

Sachen lange zu tragen, sie zu flicken, zu ändern und zu pflegen hört sich nach einer alten Masche an, ist aber das Programm der Zukunft.
Ein Kleiderschrank, der nur Stücke enthält, die Sie wirklich tragen, ist die Basis für entspanntes Anziehen und kann mit Secondhand-Kleidung oder geliehenen Klamotten wundervoll aufgepeppt werden.

OUTFITS UND LIEBLINGSSTÜCKE
PERSÖNLICHE EMPFEHLUNGEN VON KIRSTEN UND ALF

»Einfach ausprobieren« ist einer unserer Tipps für Sie, um aus Ihrem bestehenden Kleiderschrank neue Outfits zusammenzustellen. Nun werden Sie vielleicht sagen: »Leichter gesagt als getan.« Deswegen haben wir uns vor die Kamera gewagt und präsentieren Ihnen als Anregung einige unserer eigenen Lieblingsoutfits – für mehr oder weniger förmliche Anlässe, Meetings und die gemütlichen Stunden in der Freizeit.

»Hamburger Schick«

»Berliner Start-up«

»Locker-leichter Sommer«

»Trend Scout«

»Gut zum Reisen«

»Leisure Sunday«

Kirstens »Hamburger Schick«

Der schwarze Jumpsuit ist meine Hommage an den ikonischen Catsuit von Emma Peel. In so einen Einteiler kann ich lässig reinschlüpfen und bin sofort fertig angezogen. Wenn mir nicht nach ärmelfrei ist, kombiniere ich den Jumpsuit mit passendem kurzen Jäckchen. Die hellen Sommersandalen sind das Fashion-Statement zum schlichten Schwarz: nicht zu gewagt, aber ein Hingucker.

Marken

Jumpsuit: Lanius
Jäckchen: Lanius
Sommersandalen: Werner

Alfs
»Berliner Start-up«

Ob Start-up oder große Firma, Ein-Mann-Betrieb oder NGO: Jeder braucht mindestens ein »Geschäftsoutfit« im Schrank. Smart und leger sollte es sein, aber doch tauglich für ein Businessmeeting. Diese Kombination aus feinem Hemd und Chino Pants ist dafür genau die richtige Mischung. Wer es schicker mag, kombiniert statt den Sneakern einfach feineres Schuhwerk.

Marken

Hemd: Nudie
Hose: Dedicated
Schuhe: Veja

© René Zieger

Kirstens »Locker-leichter Sommer«

Mein Sommerkleid in khaki ist ein typisches Key-Piece. Ich habe eine Handvoll dieser Kleidungsstücke, die gut zu mir passen und mit Sneakern schnell einen fertigen Look ergeben. Unter dem Kleid kann ich perfekt eine Strumpfhose tragen, wenn es etwas kälter wird, und komme damit dann auch prima durch den Winter. Im Hochsommer kombiniere ich Sandalen dazu. Die Kette ist ein Geschenk und passt perfekt zu dem unifarbenen Key-Piece.

Marken

Kleid: Komodo
Sneaker: Veja
Armreif: Ting

Alfs »Trend Scout«

Wer die neuesten Trends mitmachen möchte, kann dies natürlich auch mit Fair Fashion. Einer der großen Modetrends für Männer ist der *athleisure look*: Sportiv soll es sein, aber doch trendy. Das Statement-Piece dieser Kombination ist die rosa Vintage-Jacke, die mit den rosa Palmensocken perfekt harmoniert. Dazwischen dominiert die Trend- und Basisfarbe Schwarz mit einem außergewöhnlichen Shirt mit Zipper und legeren Shorts. Abgerundet wird das Outfit durch schwarze Sneaker im Skaterstil.

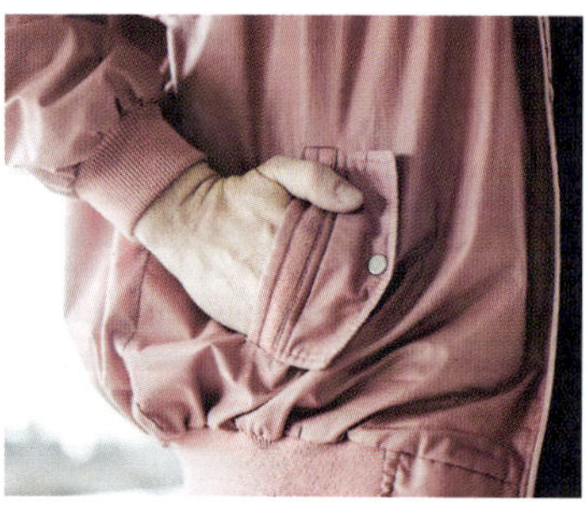

Marken

Jacke: Vintage-Fund
Shirt: FUNKTION SCHNITT
Shorts/Socken: Dedicated
Schuhe: Vegan Shoes

© René Zieger

© René Zieger

Kirstens
»Gut zum Reisen«

Ich bin viel unterwegs und brauche ausgeklügelte Basics, die sich gut kombinieren lassen und trotzdem modische Akzente setzen. So wie dieses T-Shirt aus Bio-Baumwolle in knalligem Orangerot mit kleinem Rollkragen, das ich mit leichter und enger Pikee-Hose in Hanseatisch Blau kombiniere. Mit dem gerade geschnittenen, leichten Mantel und den robusten, pflanzlich gegerbten Wildlederschuhen sieht es nach »classy working girl« aus.

Marken

Shirt: Jan'n June
Hose: Lanius
Schuhe: ek'n
Trench: LangerChen
Tuch: People Tree

Alfs
»Leisure Sunday«

Morgens noch halb verschlafen die Brötchen holen, bevor man in den Sonntag starten kann: Dafür genügt ein entspanntes Outfit, schnell aus dem Schrank gezogen. Je nach Jahreszeit reichen da der Unisex-Sweater mit Pocket-Detail, die schnörkellose Denim und die zeitlosen schwarzen Sneaker. Sollte es doch etwas kühler sein, bietet sich diese tolle College-Jacke an, die für so viele Anlässe genau die richtige Wahl ist.

Marken

Jacke: FREITAG
Pullover: Recolution
Hose: ARMEDANGELS
Schuhe: ethletic

JETZT GEHT ES UM KNOPF UND KRAGEN

REPARIEREN, UMSTYLEN UND UPCYCELN

Langlebigkeit ist das neue Cool. Seit einigen Jahren erleben Flicken und Schneidern ein wahres Comeback – als Gegentrend zur Wegwerfmode. Setzen Sie sich doch selbst mal wieder an einfache Reparaturen, um Kleidung wieder fit zu machen. Wie gut die ersten Ergebnisse sind, ist dabei nebensächlich, denn: Wichtig ist, es einfach mal auszuprobieren. Der perfekte Moment für das klassische Reparieren ist übrigens der Frühlings- oder Winterbeginn, wenn Sie die Garderobe im Schrank umsortieren.

Wer heute über 40 ist, hat vermutlich noch im Handarbeitsunterricht Kreuzstich geübt und seine Mutter großzügig mit gehäkelten Topflappen beschenkt. Was immer man von derlei Erzeugnissen halten mag: Immerhin haben Schüler seinerzeit wie selbstverständlich gelernt, mit Nadel und Faden umzugehen. Sie haben verinnerlicht, dass Textilien nicht ein für alle Mal fertig aus der Fabrik kommen, sondern dass man sie ändern, flicken, gestalten und sogar selbst schneidern kann. Und sie wissen, was zu tun ist, wenn der Wintermantel einen Knopf verliert.

Mittlerweile droht dieses Wissen verloren zu gehen. So gab bei einer Umfrage in Großbritannien jeder Vierte an, keinen Knopf annähen zu können, jeder Zweite sah sich nicht in der Lage, ein Loch zu flicken oder einen Saum zu nähen. Als Folge der massenhaften Verfügbarkeit von Billigmode hat eine ganze Generation diese Kompetenzen verloren. Noch in den 1980er-Jahren hat die Post-Punk-Szene ihre Kleidung selbst gestaltet und so ihrer Individualität Ausdruck verliehen. Heute hingegen findet jeder den gerade angesagten »Look« vorgefertigt beim Mode-Discounter um die Ecke.

Diese Entwicklung stellt in mehrfacher Hinsicht einen Verlust dar: Wirkliche Individualität lässt sich mit solcher Massenware natürlich nicht beweisen. In Vergessenheit gerät die uralte Kulturtechnik des Nähens – und mit ihr ein Stück Autonomie: Wollen wir doch einmal etwas ändern, anpassen oder ausbessern, sind wir auf fremde, in der Regel kostspielige Hilfe angewiesen. Und noch etwas geht verloren: das Gefühl für den Wert der Dinge. Wer nie etwas selbst gemacht hat, kann schwer ermessen, wie viele Kenntnisse und Geschick nötig sind, um diesen Gegenstand entstehen zu lassen. Warum also sollte er ihn wertschätzen?

Mit Selbermachen dem Trend zum Wegwerfen entgegenwirken

Die moderne Konsumgesellschaft hat einen Teufelskreis in Gang gesetzt, dem man sich nur schwer entziehen kann: Zunächst machten billige Waren es überflüssig, selbst Hand anzulegen. Im nächsten Schritt verloren wir das dazu nötige Wissen und damit zugleich den Respekt vor den Dingen. An diesem Punkt angelangt, haben wir keine Hemmungen mehr, ständig neue Dinge zu kaufen und sie immer kürzere Zeit zu nutzen. Und diese Wegwerfkultur hat nicht nur als »Fast Fashion« die Mode erfasst, sondern auch viele andere Sparten wie Elektronik, Inneneinrichtung, Spielwaren und Haushalt.

Trotzdem sind wir dem Kauf- und Wegwerfkarussell nicht hilflos ausgeliefert. Trends wie Näh- und Repaircafés, Bastelportale wie Etsy, Makerist oder die sogenannte Maker-Bewegung beweisen, dass viele Menschen wieder ein Bedürfnis haben, der Entfremdung von den Dingen entgegenzuwirken und selbst etwas herzustellen. Ein gewaltiges Kursangebot unterweist Interessierte in Fertigkeiten aller Art – vom Siebdrucken über die Herstellung von Patchwork-Decken bis zum Schneidern von Kleidern und Hosen. Man mag manche Resultate des Do-it-yourself-Eifers belächeln, doch liegt darin eine Chance, unser zerstörerisches Konsumverhalten zu ändern. Denn wer einmal einen Pullover aus echter Wolle fabriziert hat, wird über billige Polyester-Strickwaren eher die Nase rümpfen. Wer mühsam seine durchgesessene Jeans geflickt hat, wird zögern, sie jemals in den Altkleider-Container zu werfen.

Selbermachen trifft Super-Moderne

Mit rückwärtsgewandter Romantik hat das nichts zu tun. Die internetaffine Maker-Bewegung beweist, dass sich Selbermachen und Hightech keineswegs ausschließen. Ohnehin will niemand zurück zu einer Subsistenzwirtschaft, in eine Zeit, als Menschen praktisch alles selbst anfertigten, was sie im Alltag brauchten. Doch wer seine Kleidung repariert, wird vermutlich mit vielen Dingen bewusster umgehen und auch in anderen Lebensbereichen verantwortungsvoller konsumieren.

Hier ist auch der Gesetzgeber gefordert: Mehrere EU-Länder, zuletzt Schweden, haben bereits den Mehrwertsteuersatz auf Reparaturen gesenkt, um Instandsetzungsarbeiten, die sich nicht eigenhändig erledigen lassen, für den Verbraucher lohnender zu machen. Es liegt auf der Hand, dass das Flicken einer Hose oder das Umstylen und Upcyceln eines aus der Liebe gefallenen Schrankhüters direkt dazu beiträgt, Rohstoffe und Energie zu sparen – und damit die Umwelt zu entlasten.

Zum Glück wird der Trend zum Selbermachen durch eine weitere aktuelle Entwicklung auf geradezu ideale Weise ergänzt: durch die Idee des »Sharing«, der gemeinsamen Nutzung von Gegenständen. Gerade in Großstädten wächst das Angebot an offenen Werkstätten, in denen Interessierte mit geliehener Ausrüstung Geräte aller Art reparieren, Kleidung schneidern oder technische Prototypen entwickeln können. Die »FabLabs« der Maker-Bewegung stellen sogar Präzisionswerkzeuge wie CNC-Fräsen, Lasercutter und 3D-Drucker bereit.

Solche Gemeinschaftsprojekte, die es in vielen Metropolen schon gibt, machen nicht nur die Anschaffung einer eigenen Nähmaschine überflüssig, sondern bilden zudem unschätzbar wertvolle Plattformen, um Wissen und Fertigkeiten zu erwerben und weiterzugeben. Damit wirken sie dem Verlust handwerklicher Kompetenzen entgegen – und wirken so als Sand im Getriebe der Wegwerfgesellschaft. Warum sollten nicht in Zukunft viele Gemeinden wieder Gemeinschaftswerkstätten anbieten, wo mit Geräten und

Werkzeugen aller Art gewartet, gepflegt und repariert wird? Aus Erfahrung bestehender Werkstätten sind es übrigens oft die Nähkurse und das Projektnähen, die zuerst ausgebucht sind, weil gemeinsames Arbeiten an Kleidung auch einfach gesellig ist.

Wer selbst Hand anlegt, beginnt die Welt anders wahrzunehmen. Selbst ein angenähter Knopf kann der erste Schritt sein. Und dieser Schritt fällt ganz leicht, denn der nächste Knopf löst sich bestimmt. Wer nicht weiß, wie er ihn wieder annähen soll, schaut einfach im Internet nach. Und wem das zu langweilig ist, der lässt sich einfach einen Kurs schenken, gerne auch im Tandem mit Freunden und Freundinnen. In vielen Städten tauchen wieder Reparaturläden und Ateliers auf, in denen alle Erhaltungsmaßnahmen vom Sockenstopfen bis zum Upcycling eines Designerkleides (Aus Alt mach Neu) entweder angeboten oder eben beigebracht werden. Ein Beispiel: In Berlin hat so etwas dann gleich einen schönen und dramatischen Namen, der auch Programm ist. »Bis es mir vom Leibe fällt« ist ein Atelier und Verein für den »kreativen Umgang mit gebrauchten Textilien in einer reparaturbedürftigen Welt«. Solche Angebote sind ein hoffnungsvolles Zeichen dafür, dass ein Umdenken beginnt.

Und wer jetzt noch nicht überzeugt ist: Eine neu erlernte Reparatur- oder Upcyclingtechnik fühlt sich genauso gut an wie das erste Schwimmabzeichen früher – holen Sie sich Ihr »Nähpferdchen« so wie früher Ihr »Seepferdchen«!

Kirstens Tipp

Neulich hatte ich buchstäblich einen »goldenen Nachmittag« mit acht Freundinnen und dem Reparaturspiel von »Golden Joinery« aus den Niederlanden. Dabei wurden wir selbst zu Designern, denn alte Kleidungsstücke werden gemeinschaftlich mit goldenen Fäden repariert. Die goldenen Fäden bleiben sichtbar und das Kleidungsstück wird zum Unikat und Erinnerungsstück.

Statt wie früher so zu flicken, dass keiner was sieht, ist es heute angesagt, reparierte Stellen gekonnt in Szene zu setzen und zu veredeln, ob mit Goldfaden oder indem man einfach einen andersfarbigen Flicken unterlegt. Eine weitere Variante ist, Löcher in Kleidungsstücken als Schmuck-Element zu nutzen, indem die Ränder der Löcher sichtbar umhäkelt oder mit Perlen besetzt werden.

Mach was draus!

Schon lange nichts mehr genäht? Probieren Sie einmal, einfache Reparaturen selbst zu machen und sich dann langsam bis zum Upycling, dem Herstellen von hochwertigen Einzelstücken aus unbenutzen Materialien, zu steigern.

- Knopf annähen
- Kleine Löcher in T-Shirts reparieren
- Runtergetretene Hosen/ausgefransten Hosensaum reparieren
- Aus alten Jeans oder anderen Kleidungsstücken T-Shirt-Applikationen machen
- Umfärben in der Waschmaschine
- Hemden im Dip-Dye-Verfahren färben
- Kleidungsstücke mit Stoffmalfarbe bemalen
- Schmuckapplikationen mit Bügelfolie anbringen
- Schuhen mit Aufnähern und Patches ein zweites Leben geben
- Umstylen für Experimentierfreudige: Wie wäre es mit einer Häkeltasche aus T-Shirt-Garn?

Die ausführlichen Anleitungen finden Sie auf unserer Webseite einfach-anziehend.de/reparieren-und-umstylen.

DAS ZWEITE LEBEN DER KLEIDUNG
VINTAGE UND SECONDHAND

Nur weil ein Kleidungsstück schon ein paar Jahre hinter sich hat, gehört es noch lange nicht zum alten Eisen. Secondhand und Vintage liegen voll im Trend und zeigen, wie individuell Mode schon immer war. Machen Sie mit bei unserer kleinen Rebellion gegen Fast Fashion, indem Sie Altes einfach wieder zu neuem Leben erwecken.

Mit Kleidung ist es manchmal wie mit alten Freunden: Man hat sie lange aus dem Blick verloren, doch wenn man sie wiederfindet, entsteht sofort wieder diese Nähe, die immer da war. Eine Verbundenheit mit dem Alten, Liebgewonnenen. Eine wohlige Erinnerung an gemeinsame Zeiten. So kann es auch mit Kleidung sein. Sie kennen diese Verbundenheit mit Sicherheit auch aus Ihrem Alltag. Mit dem tollen roten Mantel, der einmal sündhaft teuer war, oder mit dem flauschigen Schal von Oma und der dicken Winterjacke des Vaters, die man als Kind schon liebte.

Eine ganze Generation von jungen Menschen entdeckt diese alten Schätze gerade für sich neu. Ob nun aus dem Kleiderschrank der Eltern, in Secondhand-Läden oder auf Vintage-Events – Altes wird von Jungen gekauft, die dies zu einem bedeutenden Teil des eigenen Lifestyles machen. Dieser Lebensstil beinhaltet auch, keine Mode neu kaufen zu wollen – und trotzdem modisch gekleidet zu sein. Auch für diejenigen, denen Ökomode zu kostenintensiv ist, bieten Secondhand und Vintage eine gute Alternative.

Lifestyle der Jungen: Die 18- bis 30-Jährigen besitzen die meiste Secondhand-Mode, häufiger Accessoires, aber auch Kleidung. Vor allem jüngere Frauen in großen Städten kombinieren Alt und Neu. Gebrauchte Kleidung verliert so zunehmend ihr Stigma: In weniger als zehn Jahren (2027) wird ein Drittel der Kleidung in unseren Schränken Secondhand sein.

Der große Vorteil von Vintage und Secondhand

Secondhand-Teile haben gegenüber neu produzierter Mode einen großen Vorteil: Es gibt sie bereits. Ob nun alte Kleidungsstücke oder solche aus zweiter Hand – das Tragen dieser Mode minimiert den Kauf neuer Kleidungsstücke und damit alle negativen Folgen der Modeproduktion. Kein zusätzlicher Rohstoffverbrauch, kein zusätzlicher Müll. Wir durchbrechen mit Vintage und Secondhand den ewigen Kreislauf von neu kaufen, tragen, und wegwerfen, indem wir uns als Konsumenten darauf besinnen, was es bereits gibt.

Werfen Sie beim nächsten Flohmarkt einmal einen Blick auf die vielen Kleiderstände und Sie werden sehen, wie viele Menschen Altes in guter Qualität anbieten. Fragen Sie nach, welche Geschichte es zu einem Kleidungsstück gibt, und seien Sie gespannt auf die Erzählungen. Oder besuchen Sie einmal ganz bewusst die angesagte Vintage-Boutique oder das Secondhand-Geschäft um die Ecke, in denen Kleidungsstücke aus den zurückliegenden fünf Jahrzehnten eine zweite oder dritte Chance bekommen, wieder ein Lieblingsstück zu werden. Es lohnt sich, versprochen!

Das Lieblingsstück unter vielen zu finden kostet Zeit – macht aber vor allem Spaß

Bereits jetzt können Sie aus einer unglaublich großen Zahl an Secondhand-Kleidung auswählen – Tendenz steigend. Bei dieser Fülle an Möglichkeiten ist die Chance, etwas Passendes in gutem Zustand mit einer spannenden Geschichte zu finden, sehr hoch. Allerdings sollten Sie etwas Zeit mitbringen, denn das Suchen nach den richtigen Teilen kann bei größeren Läden oder auch auf dem Flohmarkt einfach etwas dauern. Nicht immer hat der erste Laden oder der erste Flohmarktstand genau das richtige Kleidungsstück für Sie. Ob Sie fündig werden oder nicht – allein das Erlebnis und der Spaß, wie auf einem Dachboden stöbern zu können, wird Ihnen bereits einen tollen Tag bescheren.

Unsere Empfehlung für Sie:

- Nehmen Sie sich Zeit und suchen Sie sorgfältig aus.
- Prüfen Sie die Qualität.
- Überlegen Sie, mit welchem eigenen Kleidungsstück Sie das neue alte Teil kombinieren können.

Wenn Sie sich entschieden haben, dann freut sich bei Vintage und Secondhand zumeist auch der Geldbeutel: Sehr häufig sind die gebrauchten Kleidungsstücke in einem sehr guten Zustand und kosten nur noch einen Bruchteil des ursprünglichen Kaufpreises. Genau deshalb kann Vintage und Secondhand für alle, die Lust an und auf Mode haben, die richtige Alternative zu Fast Fashion sein.

Alfs Vintage- und Secondhand-Läden des Vertrauens

Von Modelabel zu Modelabel und von Produkt zu Produkt variieren oft die Kleidergrößen, zum Beispiel bei Pullovern. Deswegen ist es toll, Kleidung anzuprobieren, statt sie sich zuschicken zu lassen. Glücklicherweise geht das auch mit Vintage und Secondhand, die in schönen Boutiquen, Läden und Flohmärkten auf Sie warten. Hier finden Sie Alfs persönliche Vintage- und Secondhand-Läden des Vertrauens.

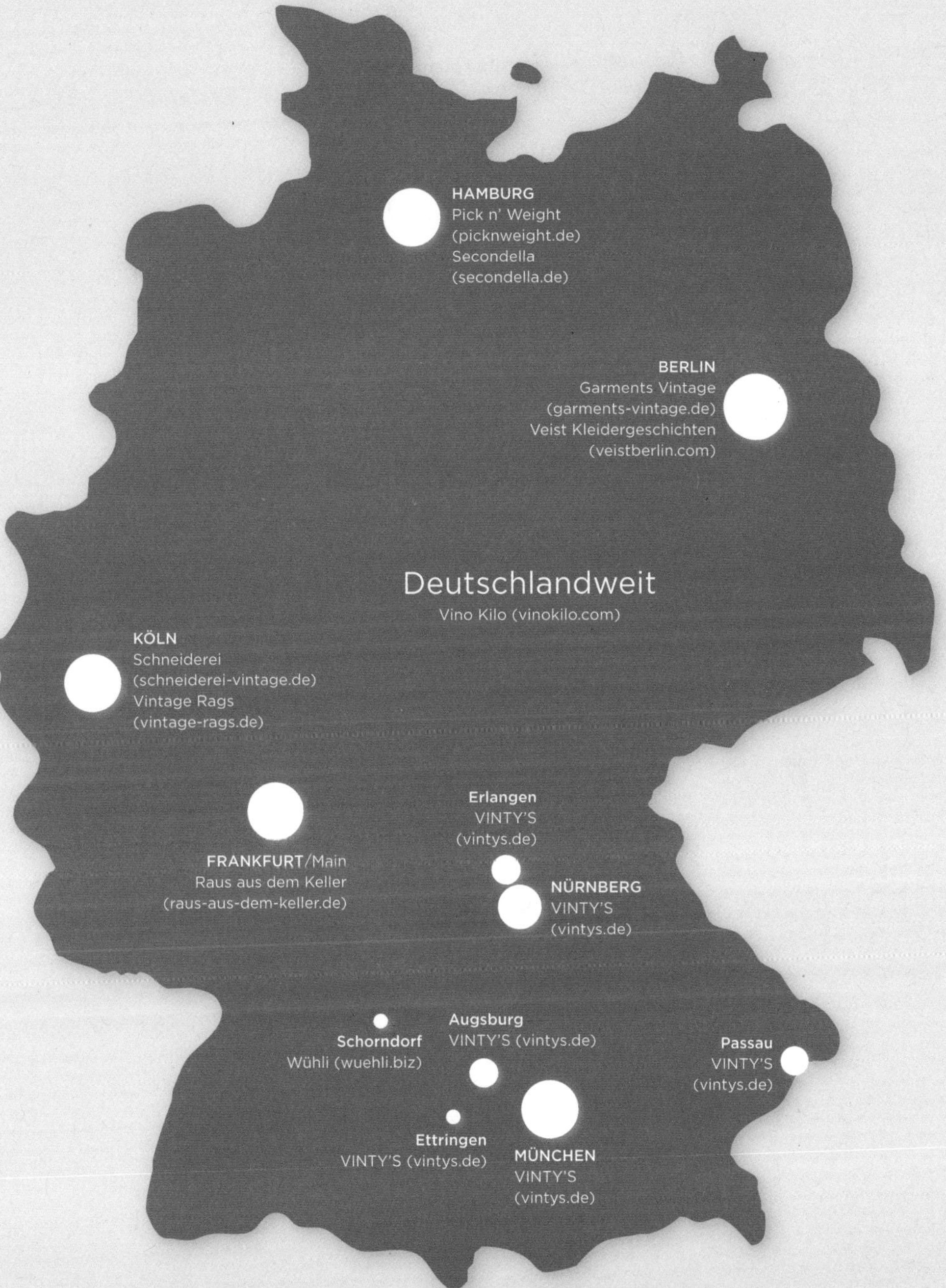
HAMBURG
Pick n' Weight
(picknweight.de)
Secondella
(secondella.de)
BERLIN
Garments Vintage
(garments-vintage.de)
Veist Kleidergeschichten
(veistberlin.com)
Deutschlandweit
Vino Kilo (vinokilo.com)
KÖLN
Schneiderei
(schneiderei-vintage.de)
Vintage Rags
(vintage-rags.de)
FRANKFURT/Main
Raus aus dem Keller
(raus-aus-dem-keller.de)
Erlangen
VINTY'S
(vintys.de)
NÜRNBERG
VINTY'S
(vintys.de)
Schorndorf
Wühli (wuehli.biz)
Augsburg
VINTY'S (vintys.de)
Passau
VINTY'S
(vintys.de)
Ettringen
VINTY'S (vintys.de)
MÜNCHEN
VINTY'S
(vintys.de)

GETEILTES KLEID IST DOPPELTE FREUDE
LEIHEN UND LEASEN

Abwechslung ist toll und Neues kennenlernen wichtig für uns. Aber muss das immer heißen, dass etwas in unseren Besitz wechselt? Ganz und gar nicht! Wir können die Welt der Mode auch mit neuen Sachen erkunden, die nicht unsere eigenen sind. Mit Leihen und Leasen geht das ganz einfach!

Besitz wird in allen Bereichen immer relativer. Autos werden geteilt, Musik und Filme nur geliehen. Warum gibt es das eigentlich nicht auch für Kleidung? Gibt es! Mit Leihdiensten wie der »Kleiderei« oder »myonbelle.de«, die wie Bibliotheken funktionieren und Privatleute und Produkte auf Zeit zusammenbringen.

Gegen eine monatliche Gebühr bekommt man etwa von der »Kleiderei« vier Teile direkt nach Hause geschickt, die perfekt zum eigenen Stil passen. Dafür sorgt ein ausgefeilter Fragebogen. Ergebnis: Das Zeug sitzt, passt und macht eine gute Figur. Nach einem Monat kann man seine Teile zusammenpacken, zurückschicken und bekommt ein neues Paket. Wer mag, kann die Sachen auch länger als vier Wochen behalten. Solche speziellen Leihdienste für Abendgarderobe, hochpreisige Kleidung oder auch Trendklamotten sind gerade im Kommen.

Gerade ein Abo für Trendklamotten ist nicht nur besser für die Umwelt, sondern auch finanziell attraktiv für Leute, die sich gern modisch kleiden. Denn vieles, was in den Schränken hängt, wird selten oder nie getragen – mancher Partyfummel bringt es gerade mal auf zwei Einsätze. Berechnete man für solche Stücke einen »price per use«, also die Kosten pro Tragezeit, kommt einen manches Schnäppchen also teuer zu stehen. Leihen ist da viel günstiger. Und der Schrank wird so nicht von zahlreichen schicken Teilen verstopft, die man nur zu speziellen Anlässen rausholt.

Leihen als Konsumrevolution in kleinen Schritten

Aber auch, wenn man von dieser neuen Idee überzeugt ist, stellt sich die Frage: Wie schafft Kleiderleihe die Feuertaufe im Alltag? Wie kriegt man das hin, dass Leihen wirklich eine Routine wird, so normal wie Zähneputzen? Schließlich sind wir ordentlich angefüttert worden: Mode gilt als Besitzgut und der Gedanke, Kleidung anzuhaben, die einem nicht gehört, erscheint fremd.

Die Antwort lautet: Übung. Man muss Geduld haben. Das ist unserer Erfahrung nach die Lektion aller, die es mit dem Leihen probiert haben. Man darf nicht erwarten, dass so ein Kulturwandel – Leihen statt Kaufen – ruckzuck und ohne Rückschläge erfolgt. Neuartige Ansätze, die beim Verbraucher Umdenken und Umgewöhnen erfordern, brauchen Zeit. Gönnen Sie sich diese Zeit!

Vor allem muss das Gefühl überzeugt werden, nicht nur der Kopf. Leihen darf nicht nur praktisch sein, es muss gute Gefühle auslösen. Wer einmal erlebt hat, morgens im Büro Komplimente für einen geliehenen Look zu bekommen, der macht weiter. Oder wer einmal gesehen hat, wie sehr sich die Freundin freut, wenn man ihr einen Gutschein für ein Kleiderleih-Abo schenkt.

Kirstens Leihgeschichte

Vor mehr als zwei Jahren schloss ich ein Kleiderabo bei der »Kleiderei« ab. Die Idee war ein Grundbestand mit einem Dutzend Basics in Öko und Fair, der dann mit Trend- und Designerteilen aufgemotzt wird. Die beiden Gründerinnen der Hamburger Kleiderei liehen mir nicht nur Kleider aus, sondern assistierten mir auch noch als Stylistinnen, nachdem ich einen Fragebogen ausgefüllt hatte. *»Farbe: Indigo-Blau. Schuhe: Turnschuhe. Größe: 36/38. Stil: Jil Sander?«*

Die Wahrheit ist: Auch leihen muss man lernen. Als das erste Überraschungspaket kam, war es mir viel zu flippig. Sweatshirt mit Raumschiffen? Helles Cordhemd? Falsche Farbe, nicht mein Stil. Hätte ich im Laden nicht mal anprobiert. Aber nachdem ich etwas nachjustiert hatte, passten die Schätzchen aus der Leihkiste eigentlich immer gut zu mir. Auch Designerteile, die ich mir bisher nie leisten konnte, probierte ich aus. Gut, meine Kolleginnen lächelten wissend, wenn ich statt hanseatisch zivilisiert plötzlich als Manga-Mädchen mit Kimono erschien. Einiges war mir modisch einfach eine Nummer zu groß.

Die Kiste hatte einen Spezialplatz bei mir, die Sachen hingen extra – sodass ich immer wusste, welches die geliehenen Teile waren. Ich gewöhnte mich allmählich an die Kiste und nach einem Jahr war das Leihen normaler Teil meines Alltags. Die häufigste Frage, die ich immer wieder gestellt bekomme, ist, ob es nie etwas gegeben habe, von dem ich mich partout nicht mehr trennen wollte. Natürlich gab es Nanosekunden, in denen ich das knallbunte kurze Kleidchen behalten wollte, weil ich damit Erinnerungen an eine Reise nach Madrid verband. Aber meistens fühlte ich mich geradezu befreit, wenn ich alles wieder in die Kiste packte. Und ich kaufe jetzt kaum noch etwas neu – ich fühle mich wohl mit meinem Kleiderschrank aus Basics und Leihteilen.

Die neue Langlebigkeit – Leasen geht auch

Es ist noch gar nicht lange her, da wurde defekte Kleidung repariert, zu klein gewordene Sachen wurden weitergegeben. Kleidung war eine Wertsache, keine Wegwerfware. Immer mehr Unternehmen wollen wieder zurück zu dieser Wertschätzung. So bietet etwa das skandinavische Jeans-Label »Nudie« kostenlose Reparaturen an, damit man weniger kaufen muss.

Die Outdoor-Firmen Patagonia und VAUDE bieten ebenfalls Reparaturen an, Patagonia hat sogar einen Secondhand-Marktplatz für den Weiterverkauf von getragener Kleidung eingerichtet (»Worn Wear«). Die deutsche Männermode-Firma Brainshirt tauscht Kragen und Manschetten ihrer Hemden aus, damit die Hemden weiterleben. Auch das Upcycling-Label Aluc bietet Austauschkragen für Hemden und Blusen an.

Manchmal heißt Langlebigkeit auch »Leasen statt besitzen«. Die Firma MUD etwa verkauft Jeans nicht nur, sondern vermietet, repariert und recycelt sie auch. Damit experimentiert auch die schwedische Modefirma Filippa K.: In den Geschäften können die Kunden zwischen Kaufen und Leasen wählen. Beim Leasen leiht man für einen Bruchteil des Preises, aber nur für einen kurzen Zeitraum. Dieses Modell eignet sich, wenn man Sachen nur für eine bestimmte Gelegenheit braucht, zum Beispiel für eine Veranstaltung oder ein Fest.

Naheliegend: Kinderkleidung zum Mieten

Junge Start-ups wie »Kilenda«, »Kindoo« oder »Räubersachen« bieten Kindermode zum Mieten an. Das ist ein naheliegender Ansatz: Die Kids wachsen schnell aus den Sachen heraus, Mütter haben schon immer privat gebrauchte Kleidung untereinander weitergegeben. Hier professionalisiert sich also ein schon lange gut erprobtes Kleidertauschmodell.

Inzwischen schauen sich auch die großen Modefirmen bei den Pionieren etwas ab. Spicken ist hier natürlich erwünscht – die Tchibo GmbH etwa, die zu den Top-Modeverkäufern in Deutschland zählt, hat einen Mietservice für Kinderkleidung eingeführt – gemeinsam mit der Plattform von Kilenda. Wenn es ein Renner wird, wird Tchibo weiter umsatteln und auch Mode für Erwachsene zum Ausleihen anbieten. Dass die großen Händler einsteigen, ist gut! Sie haben die Zeichen der Zeit erkannt: Ihr bisheriges Geschäftsmodell ist nicht zukunftsträchtig. Mehr Service und Dienstleistung, weniger Verkauf – dieser Idee gehört die Zukunft.

Fazit: Leihen und Leasen ist keine ferne Vision mehr, sondern zeigt erste Spuren in der Modewelt. Seien Sie dabei!

100% ORGANIC

WENN SCHON NEU, DANN ÖKO!

Brauchen Sie nun, nach der Entschlackung und Neukonzipierung Ihres Kleiderschranks, spannenden Umstyle-Sessions und schönen Vintage-Funden, dieses eine Teil doch einfach neu? Kein Problem!
Wir zeigen Ihnen, wie Sie öko-faire Kleidung erkennen, welche Herstellungsverfahren umwelt- und sozialverträglich sind und auf welche Materialien Sie setzen können.

ÖKOMODE IST DOCH ...
DREI VORURTEILE ÜBER GRÜNE MODE

Wir kennen sie alle und sind selbst nicht frei davon: Vorurteile. Auch die nachhaltige Mode muss sich mit Vorurteilen auseinandersetzen, selbst wenn diese schon längst so last season sind. Wir haben die drei häufigsten Vorurteile für Sie gesammelt und nach ihrem Wahrheitsgehalt durchleuchtet.

1 »ÖKOMODE SIEHT NICHT GUT AUS UND IST LANGWEILIG.«

Ökomode galt lange als Zeichen der Alt-68er und wird immer noch gerne mit dem Vergleich des Kartoffelsacks beschrieben. Die Zeiten weiter, knallbunter Gewänder aus kratzigen Materialien sind aber schon lange vorbei. Ökomode heißt jetzt Eco Fashion und überzeugt sowohl das Auge als auch das Gewissen. Damit hat sie auch längst die Laufstege erobert. Die Modemessen in Berlin zeigen jedes Jahr, was Sie erwarten dürfen: Sowohl hochwertige Kleidungsstücke für jede Größe, jeden Stil und jeden Geldbeutel als auch aufregende Haute Couture auf den großen Schauen.

Tipp

Marie Nasemann stellt im Blog »Fairknallt« ihre ganz persönlichen Fair Fashion Highlights vor und zeigt eine tolle Bandbreite an temporary eco fashion.

fairknallt.de

2 »ÖKOMODE BIETET NICHT GENÜGEND AUSWAHL.«

Für Jung und Alt, ob klassisch oder ausgeflippt, für Straight und Queer, von Freizeit- bis Business-Look – Grüne Mode ist inzwischen vielfältig und abwechslungsreich. Dafür stehen nicht nur große Labels wie ARMEDANGELS, sondern auch viele kleine lokale Labels, die eine echte Alternative zu kon-

ventioneller Mode für immer mehr Menschen anbieten. Ob Skinny Jeans in XS oder ein Oberteil in XL – Eco Fashion kann sich längst mit der konventionellen Konkurrenz messen und bietet für jeden Geschmack eine faire und gutaussehende Alternative. Auch für Ihren – wetten?

3 »ÖKO UND FAIR IST ZU TEUER.«

Ökomode hat ihren Preis, ist aber eben nicht zu teuer. Denn nachhaltige Mode bedeutet Kleidung zu einem fairen Preis, der auch die Menschen berücksichtigt, die das Kleidungsstück produziert haben. Tatsache ist vielmehr, dass die Anbieter konventioneller Mode ihre Kollektionen viel zu billig anbieten und die Kosten auf ArbeiterInnen und Umwelt abwälzen. Dies gilt auch für teure Markenklamotten, vor denen sich die Ökomode längst nicht mehr verstecken muss. Eine Denim von ARMEDANGELS aus Deutschland, von MUD aus den Niederlanden oder von Nudie aus Schweden kann qualitativ mit der Konkurrenz von Levi's und Wrangler locker mithalten – nur eben zu einem für alle deutlich besseren Preis und mit häufig tollen Services wie einem Repair Shop im Laden, wie zum Beispiel bei Nudie in Berlin.

WEM KANN ICH GLAUBEN?
EIN ÜBERBLICK ÜBER DIE TEXTILSIEGEL

Konventionelle Kleidung hält sich bedeckt: Das eingenähte Etikett gibt lediglich Fasern, Pflegehinweise und Produktionsland preis. Wir erfahren nichts über die Chemikalien, mit denen das Produkt auf seinem Weg vom Acker bis zum Laden in Berührung kam, oder darüber, ob es unter fairen Bedingungen produziert wurde. Genau das leisten die Textilsiegel. Doch auch die machen nicht alles glasklar: Es sind inzwischen so viele, dass kaum noch jemand den Durchblick hat. Wir stellen die wichtigsten auf den Prüfstand.

IVN Best

Das Siegel des Internationalen Verbands der Naturtextilwirtschaft (IVN) ist das ökologisch strengste Siegel am Markt. Es reguliert die gesamte textile Kette vom Anbau der Fasern bis zum Endprodukt. Die dabei angesetzten Chemikalien-Grenzwerte orientieren sich an denen des Global Organic Textile Standard (GOTS), der IVN Best ist jedoch strenger bei Material- und Sozialstandards. Nur Naturfasern aus 100 Prozent kontrolliert biologischem Anbau (kbA) oder Tierhaltung (kbT) werden zertifiziert. Regenerat- oder Synthetikfasern sind von der Zertifizierung aufgrund der Polyesterschwemme ausgeschlossen. Da viele Mischfasern am Markt sind, sind damit die meisten Produkte durch IVN Best nicht zertifzierbar.

Eigener Lederstandard: »Naturleder IVN zertifiziert« ist der strengste Standard für Naturleder in Europa und bescheinigt den Lizenznehmern wie Deepmello oder Pololo qualitativ und ökologisch hochwertige Produkte.

Hier finden Sie das Siegel: Maas Naturwaren, Cotonea oder Engel Sports – also eher die Naturtextil-Spezialisten.

naturtextil.de/qualitaetszeichen/naturleder
naturtextil.de

GOTS

Der sehr umfassende »Global Organic Textile Standard« (GOTS) konzentriert sich überwiegend auf biologisch angebaute Naturfasern. Aber neben einigen Regenerat- dürfen auch bis zu 30 Prozent Recyclingfasern beigemischt werden. Erlaubt ist auch recycelte Synthetik wie Polyester. Damit können die GOTS-Produktionsstandards auf eine breitere Menge Produkte angewendet werden. GOTS regelt die gesamte textile Wertschöpfungskette vom Anbau bis zum fertigen Produkt, auch nach sozialen Mindeststandards.

Hier finden Sie das Siegel: Bei vielen Eco-Fashion-Marken, besonders in Green Fashion Concept Stores, aber auch bei Hess Natur oder Grüne Erde, in Bio-Supermärkten wie Alnatura, im Online-Spezialhandel wie dem Avocado Store, gelegentlich als Aktionsware in Supermärkten und Discountern.

global-standard.org/de

Made in Green

Der Nachhaltigkeitsstandard »Made in Green« der Oeko-Tex-Familie ist ein Neuling und regelt die gesamte textile Kette für jede Art von Materialien. Die Fabriken unterliegen dem Nachhaltigkeitsprogramm »SteP« (Sustainable Textile Production), das strenge Anforderungen sicherstellt, von Chemikalien über Umwelt und Qualitätsmanagement bis hin zur Arbeitssicherheit.

Hier finden Sie das Siegel: Etwa 40 Unternehmen, darunter Eterna oder die Wäschemarke Calida führen das Siegel. Es gibt über 150 »SteP«-Lizenznehmer. Unter oeko-tex.com/produkte sind alle Firmen gelistet. Insgesamt bleibt die Verbreitung jedoch deutlich hinter dem bekannten Öko-Tex-Standard 100 aus der Oeko-Tex-Siegelfamilie, der nur ein reiner Endprodukt-Check ist, wenn auch inzwischen mit gestiegenen Anforderungen (hier gibt es ebenfalls einen Lederstandard).

oeko-tex.com/mig

Bluesign

»Bluesign« regelt sehr umfassend die Chemikalienrisiken für die gesamte Herstellungskette, beginnend bei der Chemieindustrie. Das Siegel zertifiziert jede Art von Textilproduktion, keine Faserart wird ausgeschlossen. Der Standard hat nicht nur eine Negativliste schädlicher Chemikalien, sondern auch eine Positivliste: den »bluesign bluefinder«. Dort sind zum Beispiel fluorfreie wasserabweisende Substanzen enthalten – echte Alternativen zu den sehr schädlichen per- und polyfluorierten Chemikalien (PFC). Die Auflagen des Siegels werden regelmäßig überarbeitet – anders als etwa beim eher statischen GOTS.

Hier finden Sie das Siegel: »Bluesign« hat über 500 System-Partner, darunter viele Outdoor- und Sportbekleidungshersteller wie VAUDE, Puma, Adidas oder Elkline, aber auch Jeansmarken wie G-Star Raw oder Kinderbekleidungsmarken wie Jako-o.

bluesign.com

Cradle to Cradle

Beim Designkonzept »Cradle to Cradle« (C2C) steht der Kreislaufgedanke im Vordergrund – »von der Wiege zur Wiege« sollen die Produkte geführt werden, Abfall dadurch obsolet gemacht werden. Die Produkte bewertet das Cradle to Cradle Products Innovation Institute nach fünf Kategorien: Materialgesundheit und -wiederverwendung, erneuerbare Energien, soziale Fairness und Wasser-»Stewardship«. Damit gelten »Cradle to Cradle«-Produkte als besonders umweltsicher, gesundheitlich unbedenklich und kreislauffähig. Es gibt fünf Zertifizierungsstufen, von Basic über Bronze, Silber und Gold bis zu Platin. Ab Gold ist es wirklich anspruchsvoll.

Hier ist das Siegel zu finden: Arbeitskleidung »reworx/Lauffenmühle«, T-Shirts von Trigema (Silber-Level) oder C&A (Gold-Level), vereinzelt auch Modekollektionen bei Manufactum. C2C-zertifizierte Materialien verwenden auch kleine Ökomarken wie Melawear.

c2ccertified.org/products/registry

Fairtrade

Das Label »Fairtrade Certified Cotton« ist seit 2005 auf Baumwollprodukten zu finden. Es garantiert faire Arbeitsbedingungen, die Baumwollbauern erhalten Mindestpreise für ihre Baumwolle. Für Bioanbau zahlt Fairtrade Zuschläge und fördert die Umstellung. Der Einsatz von synthetischen Pestiziden und Düngern ist eingeschränkt, Gentechnik verboten. Mit diesem Siegel versehene Textilien müssen zu 100 Prozent aus fairtrade-zertifizierter Baumwolle bestehen. Für die Weiterverarbeitung der Baumwolle verlangt Fairtrade einen »Nachweis über die Einhaltung der ILO-Kernarbeitsnormen«, überprüft selbst aber nur die Arbeitsbedingungen im Baumwollanbau.

FAIRTRADE
Certified Cotton

2016 hat Fairtrade zusätzlich einen neuen Textilstandard veröffentlicht, der die ganze Lieferkette umfasst. Die Kriterien umfassen faire Arbeitsbedingungen und Arbeitsrechte und der Standard definiert einen festen Zeitrahmen, innerhalb dessen existenzsichernde Löhne erreicht werden sollen. Auch grundlegende ökologische Anforderungen gehören zum Kriterien-Set.

FAIRTRADE TEXTILE PRODUCTION™

Hier finden Sie das Siegel: Brands Fashion, Melawear und 3freunde

fairtrade-deutschland.de

ABRACAP

Fair Wear Foundation (FWF)

Die »Fair Wear Foundation« setzt sich sehr glaubwürdig für eine Verbesserung der sozialen Bedingungen in der Textilindustrie und existenzsichernde Löhne ein. Sie formuliert Richtlinien, führt Kontrollen durch und berichtet regelmäßig über die Fortschritte ihrer Mitgliedsunternehmen. Rund 80 Unternehmen mit insgesamt etwa 120 Marken sind Mitglieder in der Fair Wear Foundation (FWF), darunter öko-faire Marken wie Hess Natur, Grüne Erde, HempAge oder Nudgie, aber auch konventionelle Hersteller wie der Textildiscounter Takko, die Outdoor-Marken Jack Wolfskin und VAUDE oder die Modefirma Filippa K.. *Das Logo der FWF ist allerdings nur unter bestimmten Bedingungen an Kleidung zu finden:* Das Unternehmen muss länger als ein Jahr Mitglied und beim jährlichen Performance-Check in die beste Kategorie eingestuft sein, also alle Anforderungen an faire Arbeitsbedingungen bereits vollständig oder weitestgehend erfüllt haben.

fairwear.org

Die Idee des »Grünen Knopfes«

Bundesentwicklungsminister Gerd Müller hat für 2019 die Einführung eines staatlichen Siegels für fair produzierte Kleidung angekündigt. Der »Grüne Knopf« werde das erste gesetzlich geschützte Siegel dieser Art sein und gemeinsam mit der Textilbranche entwickelt. Die Idee eines solchen Produktsiegels ist schon etliche Jahre alt, bislang blieben die Ministerpläne aber vage und rufen viel Kritik hervor.

Prinzipiell wünschen sich die Verbraucher mehr Einheitlichkeit und eine Harmonisierung bei den vielen Textilsiegeln, damit die Kaufentscheidung leichter fällt. Womöglich könnte das den Markt für sozial und ökologisch produzierte Kleidung entscheidend weiterentwickeln, ähnlich, wie das dem EU-Biosiegel für Lebensmittel gelungen ist. Dazu brauchen wir aber ein europäisches Textilsiegel mit klaren und scharfen Vorgaben, deren Einhaltung gewissenhaft überprüft wird.

VERSTECKTE KOSTEN
WARUM ÖKOMODE IHREN PREIS HAT

Beim Blick auf das Preisschild staunen manche Konsumenten: So viel mehr soll das T-Shirt kosten, nur weil es aus Bio-Baumwolle stammt? Wie ergibt sich dieser riesige Unterschied zwischen dem 5-Euro-Shirt von Primark und dem 30-Euro-Shirt, das öko-fair ist? Werfen wir einen Blick auf die Kosten!

Beim Kauf eines Kleidungsstücks im Laden oder online sehen wir als Konsumenten auf dem Preisschild nur eines: den Endpreis. Dieser setzt sich aus unterschiedlichen Positionen zusammen, die für die Berechnung des Ladenpreises entscheidend sind:

1 Materialien Die Kosten für den Einkauf der Materialien, wie zum Beispiel Baumwolle. Darin enthalten sind alle Kosten, die bei der Herstellung der Materialien anfallen. Bei Baumwolle sind dies zum Beispiel die Kosten für den Anbau, das Pflücken, das Entkörnen, das Spinnen, das Stricken bzw. Weben eines Textilstückes inklusive Färbung und Veredelung.

2 Konfektion Die Kosten für die weitere Be- und Verarbeitung der Materialien wie zum Beispiel die Herstellung eines T-Shirts aus Baumwollstoff. Dies schließt Kosten wie die Miete für die Fabrik, die Kosten für die Arbeitskräfte und die Kosten für den Unterhalt der notwendigen Maschinen mit ein.

3 Marge für die Konfektion Die Gewinnspanne für die Unternehmer, die für die Konfektion, also die Be- und Verarbeitung der Materialien, verantwortlich sind.

4 Transport und Zoll Die Kosten, die anfallen, um unsere Textilien aus den Ländern, in denen sie hergestellt werden, nach Deutschland zu bringen.

5 Marge für die Marke Die Gewinnspanne der Marke, die Sie kaufen. Hiervon werden u.a. die Gehälter der

Angestellten (Design, Marketing, Beschaffung, CSR-Personal etc.) gezahlt.

6 Marge für den Laden Die Gewinnspanne des Ladens, indem Sie das Kleidungsstück einer Marke kaufen. Hiervon wird unter anderem die Miete für den Laden und die Gehälter der Angestellten gezahlt. Kaufen Sie das Kleidungsstück direkt im Onlineshop der Marke, entfallen die Ladenkosten, aber es entstehen andere Kosten, etwa für das Betreiben der Webseite und den Versand der Kleidungsstücke.

7 Mehrwertsteuer Die Mehrwertsteuer für Textilien beträgt in Deutschland 19 Prozent.

Diese sieben Positionen zahlen Sie bei jedem Kleidungsstück mit. Aber wo steckt wie viel Geld? Und welche Unterschiede gibt es bei diesen Posten zwischen einem konventionell produzierten und einem nachhaltigen T-Shirt? Wir nehmen drei Positionen näher unter die Lupe.

Materialien Gute Materialien haben ihren Preis. Fast 15 Prozent des Verkaufspreises bei einem konventionell hergestellten T-Shirt sind Kosten für das Material. Setzt man dies aber in Relation zum häufig sehr niedrigen Preis (etwa 5,00 Euro für ein Discounter-T-Shirt), stellt man fest, dass für die Materialien teilweise nur sehr wenig (hier: etwa 0,72 Euro) ausgegeben wird. Das ist in zertifizierter Bio-Qualität nahezu unmöglich. Ausnahme: Es wird an anderer Stelle eingespart, wie etwa bei der Konfektion.

Worauf Sie beim Kauf achten können:
Zertifikate geben Ihnen die Sicherheit, was Sie eigentlich kaufen. Achten Sie zum Beispiel auf den GOTS-Standard, der nicht nur die Bio-Qualität der Baumwolle berücksichtigt, sondern auch soziale Mindeststandard für die ArbeiterInnen in der Produktion entlang der gesamten textilen Wertschöpfungskette.

Konfektion Nur etwa 1,6 Prozent des Verkaufspreises eines konventionell produzierten T-Shirts fallen auf die Konfektion zurück, die unter anderem die Bezahlung der Arbeitskräfte bei der Herstellung eines Kleidungsstücks einschließt (bei einem 5-Euro-Discounter-T-Shirt entspricht dies lediglich 0,08 Euro[1]). Wir sprechen demnach hier von niedrigsten Beträgen für die Menschen, die das produzieren, was wir jeden Tag auf der Haut tragen. Dies dürfen wir als Konsumenten nicht mehr länger hinnehmen. Wie man bereits mit einer minimalen Steigerung der Kosten für die Konfektion einen großen Effekt für die ArbeiterInnen vor Ort erzielen kann, zeigt das »Fair Share Projekt«.

Worauf Sie beim Kauf achten können:
Stellen Sie sich bei Discounter-Textilien einmal die Frage, ob Sie selbst damit einverstanden wären, für Ihre Arbeitskraft so wenig Geld zu bekommen. Die Alternative zum neuen Kleidungsstück vom Discounter muss nicht das teurere Fair-Fashion-Teil sein. Secondhand ist eine gute und günstige Alternative für den kleinen Geldbeutel. Dort gibt es zwar selten Kleidung aus biologisch angebauten Stoffen, dafür aber in guter Qualität und zum Teil von bekannten Marken.

Marge für die Marke und für den Laden Die Gewinnspanne für die Marke und den Laden oder Onlineshop beträgt knapp 63 Prozent des Verkaufspreises eines konventionell produzierten T-Shirts. Davon werden auch die Gehälter der Mitarbeiterinnen und Mitarbeiter sowie die Infrastruktur (eigener Laden, Lager, Onlineshop, Website etc.) bezahlt, aber der hohe Prozentsatz zeigt: Der Löwenanteil bleibt bei der Marke selbst. Diese Marge kann sogar noch weiter erhöht werden, wenn zum Beispiel an Material und Konfektion eingespart wird.

Worauf Sie beim Kauf achten können:
Kaufen Sie in kleinen Läden, in denen Sie auch ein Gespräch mit den Besitzern führen und eher in Erfahrung bringen können, woher die Kleidungsstücke im Laden kommen. Informieren Sie sich über die Marken, die Sie gerne tragen und deren Kleidung Sie in Ihren Kleiderschrank hängen möchten. Investieren Sie Ihr Geld in gute Klamotten und sympathische Menschen anstelle die Großen der Branche zu unterstützen!

---

1 Geschätzter Wert. Schätzung basiert auf dem Ausgangswert von 0,14 €, die die Konfektion in einer Fabrik in Indien kostet. Da die Löhne in Bangladesch bis zu 50 Prozent niedriger sind als in Indien, ergibt sich der geschätzte Wert von 0,08 € für die Konfektion in Bangladesch.

Was bedeutet »FAIR SHARE«?

In einem Pilotprojekt von »Continental Clothing« mit der Unterstützung von »BSD Consulting« und dem Fair-Fashion-Netzwerk »GET CHANGED!« wurde ein sogenannter »Living Wage« für die ArbeiterInnen in einer Fabrik in Indien errechnet. Dieser »Living Wage« bedeutet, dass ein Arbeiter genug Geld verdient, dass er von einem normalen Arbeitstag sich und eine weitere Person ernähren kann. Aus der Theorie wurde Praxis: Durch die erste Bestellung von »FAIR SHARE«-T-Shirts und -Hoodies wurde eine Prämie von 14 beziehungsweise 70 Cents bezahlt.

Wenn für jedes in der Fabrik hergestellte Produkt eine solche Prämie bezahlt würde, dann würden die am schlechtesten bezahlten ArbeiterInnen 50 Prozent mehr Geld verdienen. Dieses Geld wurde direkt an alle ArbeiterInnen verteilt, die in der Fabrik für das »FAIR SHARE«-Projekt arbeiteten. Dies ermöglichte der Fabrik, einen Lohnaufschlag von gut 8 Euro monatlich auszuzahlen. Dies heißt konkret: Durch die Prämie von 14 Cent im Rahmen der Produktion eines T-Shirts bekam eine indische Näherin – knapp 7 Prozent mehr Gehalt (im Durchschnitt verdiente sie dann etwa 110 Euro im Monat, Stand: 2016[2]). Mehr über das Projekt erfahren Sie unter fairsharefashion.com.

Einfach die bessere Wahl

Wie Sie sehen, hat Ökomode ihren Preis. Für biologisch angebaute Materialien in unserem Kleiderschrank. Für soziale Bedingungen bei der Produktion unserer Kleidung. Für die bessere Bezahlung der Menschen vor Ort. Für den fairen Handel mit unseren Textilien. Für eine wirkliche Verbesserung der Modeindustrie. Für eine nachhaltige Mode. Dies sollte uns, den Konsumenten, tatsächlich etwas wert sein. Denn trotz des höheren Preises ist nachhaltige Mode eben nicht teurer, sondern einfach die bessere Wahl.

---

2 bizvibe.com/blog/minimum-wages-asias-textile-apparel-industry/

HAUSGEMACHT
DER PRODUKTIONSSTANDORT DEUTSCHLAND

In der von Billigprodukten aus Asien dominierten Textilwelt suchen sich gerade kleine Anbieter ihre Nische und setzen auf »Made in Germany«. Radikal regional ist in, nicht nur bei Lebensmitteln. Sollte man »Made in Deutschland« also als die buchstäblich naheliegende Lösung beim Einkaufen stets bevorzugen? Wir zeigen Ihnen, was dafür und was dagegen spricht.

PRO
Bewahrt und belebt alte textile Traditionen

Etliche der Labels, die mit »Made in Germany« werben, kämpfen dafür, dass textiles Wissen nicht ausstirbt – ob als Weberei, Spinnerei, Wirkerei oder Textilveredler, als Gerber oder Filzmanufaktur. Manches Know-how und manch alte Maschine wird so gerettet. Das nachhaltige Berliner Schuhlabel Trippen etwa erweckte 1998 ein ehemaliges Schuhkombinat in Zehdenick wieder zu neuem Leben. Sie stellten Maschinen wieder auf und Leute wieder ein, die ihre Arbeit zu DDR-Zeiten von der Pike auf gelernt und nach der Wende verloren hatten. Die Renaissance alter Manufakturen und Familienbetriebe gilt auch vielen anderen als Geschäftsmodell der Zukunft. Im schwäbischen Dietenheim setzt sogar eine ganze Textilstadt auf Tradition – mit gläsernen Produktionen, Design-Werkstätten und Nähcafé. Fast eine Million Euro fließen vom Land Baden-Württemberg seit Ende 2014 in das Experiment, das Vorbild für andere Regionen sein soll.

PRO
Gegen den Einheitsbrei

Manchmal machen sich Großstädter über die Provinz und die Landeier, die dort leben, lustig. Aber selbst hippe Berliner kaufen gerne Sachen, auf denen »Made in Bavaria«

steht. Sie kaufen das Unikat mit besonderer Geschichte, das einen Gegenpol zur gesichtslosen Globalisierung bildet. Dass solche Kleidungsstücke in kleiner Stückzahl und oft genug von Hand gefertigt werden, trägt noch zum Flair des Seltenen und Besonderen bei.

Zudem sind sie in der Regel qualitativ hochwertig und langlebig. Wer schmeißt schon eine Porzellantasse aus Meißen weg, selbst wenn sie angeschlagen ist? Gleiches gilt sicher für den Ledergürtel, der ökologisch nachhaltig nach traditioneller Methode in einer 160 Jahre alten Lederfabrik im Bayerischen Wald aus Häuten von Kühen aus der Umgebung hergestellt wird.

Wirklich schick wird das Ganze, wenn auf Fasern aus der Region gesetzt wird – egal, ob auf Hanf, Schurwolle oder Leder. Der Fuldaer Unternehmer Matthias Hebeler setzt für seine ökologische Herren-Marke »Brainshirt« unter anderem auf Biowolle vom Rhönschaf. In Brandenburg wird sie gewaschen, gekämmt und gesponnen, in der Oberpfalz gewebt und gewalkt und im Odenwald schließlich zu Mänteln und Jacken genäht.

PRO
Schont die Klimabilanz von Kleidung

Baumwolle aus Indien, Weberei in Vietnam, Näherei in China, Kunden in Düsseldorf – die Textilhersteller schicken ihre Jeans und T-Shirts auf Weltreise. Kein Wunder, dass die Klimabilanz der Textilbranche verheerend ist.

Das Augsburger Unternehmen Manomama produziert dagegen die gesamte Produktpalette, darunter eine komplett regional hergestellte Bio-Jeans, vom Garn bis zur Naht in Deutschland. Solche Ansätze gibt es auch anderswo: Die Amerikanerin Rebecca Burgess gründete 2010 Fibershed in Kalifornien, um eine »klima-positive« Garderobe zu entwickeln. Sämtliche Rohstoffe wie Fasern und Farben werden im Umkreis von 150 Meilen vom Hauptquartier produziert, auch die Arbeitskräfte stammen aus der Region.

Fazit: »Made in Germany« ist eine Alternative für alle, die keine Massenware von weit, weit weg wollen.

PRO
Bietet nicht nur Tradition, sondern auch Innovation

»Made in Germany« kann durchaus Zukunft atmen und fast so aufregend wie die Weltraumtechnik der NASA sein. Technische Textilien hatten schon immer Tradition in Deutschland, auch jetzt entstehen vor Ort interessante neue Entwicklungen.

Aus Hannover kommt etwa die Milchfaser von Antje Domaske. Die findige Unternehmerin – und studierte Mikrobiologin – verarbeitet Molkereiabfälle aus Deutschland zu besonders hautschonenden Textilien. Den Prozess hat sie mit dem Bremer Faserinstitut perfektioniert. Wickelkleid aus gut einem Drittel Milch gefällig? Dann tippen Sie »Qmilk« in die Suchmaschine. Ein anderes Beispiel für 100 Prozent in Deutschland erdachte und produzierte Innovation ist das Rharbarber-Leder von Ann-Christin Bansleben. Es wird in Süddeutschland mit einem Extrakt aus der Rhabarber-Wurzel gegerbt (zu kaufen ist die laufstegtaugliche Mode unter dem Namen »Deepmello«). Vom Land der Ingenieure zum Mode-Land ist es sicher trotzdem noch ein langer Weg.

Qmilk-Garn aus Milchfasern

CONTRA
Keine Lösung für die Goliaths der Branche

Hinter »Made in Germany« verbergen sich viele kleine Erfolgsgeschichten, doch mit Blick auf die globale Textilwelt bleibt die Produktion hierzulande eine Nische. Schätzungsweise sind heute nur 2 bis 5 Prozent der heute in Deutschland verkauften Textilien »Made in Germany«. Und was für bestimmte Qualitätssegmente gut taugt – egal, ob für Lederportemonnaies aus Bayern oder hochwertigen Strick von der Schwäbischen Alb – ist angesichts der gewaltigen Absatzzahlen der Industrie sicher keine Lösung für die Riesen der Branche. Das zu glauben, wäre naiv.

CONTRA
Saubere Produktion muss überall selbstverständlich sein

Große Firmen wie etwa Adidas rühmen sich zwar, dass sie Teile der Sportschuh-Produktion zurück nach Deutschland holen, aber in der neuen Fabrik in der bayrischen Provinz machen Roboter die Hauptarbeit, nicht Menschen. Und natürlich wird der Großteil der Schuhe weiter in Asien gefertigt.

Trotz skrupelloser Ausbeutung sind in den Billiglohnländern Millionen Menschen von ihren Jobs in der Textilindustrie abhängig. Wenn wir ihre Arbeitgeber boykottieren, machen wir ihre Lage nicht besser. Vielmehr sollte es für Textilfirmen selbstverständlich sein, sich in China, Bangladesch und anderswo um bessere Arbeitsbedingungen und saubere Fertigung zu bemühen, statt doppelte Standards zu schaffen.

Wenn Sie Einfluss auf die Arbeits- und Umweltstandards in der globalen Textilindustrie nehmen wollen, sollten Sie solche Ansätze honorieren und Firmen wissen lassen, dass Sie faire Textilproduktion unterstützen. »Made in Germany« zu kaufen ist da eher keine Lösung.

CONTRA: Achtung – »Made in Germany« ist keine gesetzlich geschützte Bezeichnung

»Hergestellt in Deutschland« bedeutet nicht zwangsläufig, dass bis zum letzten Knopf auch wirklich alles in Deutschland produziert wird. Denn »Made in Germany« ist kein geschütztes Siegel, das etwa wie der »Blaue Engel« behördlich geprüft wird. Es kann also sein, dass die Stoffproduktion, der Zuschnitt oder sogar das Nähen dann doch im Ausland stattfindet.

Also seien Sie besser nicht zu vertrauensselig und checken Sie die Webseiten der Firmen, wenn Sie sich nicht täuschen lassen wollen. Und beachten Sie noch eines: »Made in Europe« ist kein Garant für gute Arbeitsbedingungen. In der Ukraine oder in Serbien, aber auch in Italien oder Portugal wird ähnlich knochenhart für wenig Geld geschuftet wie in Asien.

Kirstens Tipp

Ich bin Hanseatin durch und durch und liebe die Exotik des Ladens um die Ecke. Wenn ich in Hamburg in einer meiner grünen Ökomode-Boutiquen stöbere, fühle ich mich verwurzelt. Nichts zieht mich dann in die Ferne. Meine Erfahrung: Durch dieses Gefühl der Verbundenheit, dass ich alles genau in Augenschein nehmen, anprobieren und obendrein viele Fragen stellen kann, dürfen die Sachen sogar etwas – wenn auch nicht galaktisch – teurer sein. Die Billigdenke ist dort plötzlich außer Kraft gesetzt. Finden Sie also mit unserer Ladenliste ab Seite 126 heraus, ob ein grüner Concept Store in der Nähe ist, und unterstützen Sie Ihren lokalen Ökomode-Händler!

ÖKO – GEHT DAS AUCH IN GROSS?
DIE GRÜNEN LINIEN VON H&M, ZARA UND CO.

Wenn zunehmend mehr große Firmen ökologisch und fair produzieren, können wir als Kunden doch gar nichts mehr falsch machen, oder? Ein nagender Zweifel bleibt aber: Wird hier wirklich öko-fair produziert oder ist das schlicht Grünfärberei der Konzerne auf Kosten von Mensch und Natur?

Bei H&M heißt die Linie für Weltverbesserer »Conscious«. Zara nennt die grüne Kollektion »Join Life«. C&A geht mit »Wear the Change« auf den Markt und ist inzwischen der weltweit größte Anbieter von Textilien aus Bio-Baumwolle. Bei Mango heißt die nachhaltige Variante »Committed«. Alle sind sie jetzt dem Umweltschutz verpflichtet.

Selbst Onlinegigant Zalando, in dessen Werbung alle immer schreien vor Glück, wenn sie massenhaft Schuhe geliefert bekommen, präsentierte 2018 eine ausgefallene Kollektion vom niederländischen Designer-Duo »Viktor & Rolf« aus einem Teil der eigenen Überproduktion, also Kleidung, die nicht verkauft wurde. Adidas holte sich gar die Umweltorganisation »Parley for the oceans« ins Boot, um ihre Turnschuhe aus recyceltem Ozean-Müll zu bewerben.

Kann man diesen Konzepten trauen?

Keine Woche vergeht, ohne dass eine Modefirma verkündet, künftig einen Teil des Sortiments aus recycelten oder Abfall-Materialien herstellen zu wollen, sei es aus leeren PET-Plastikflaschen, aus alten Fischernetzen oder Blättern, die als Beiprodukt auf Obstplantagen aufgelesen wurden. Solche Kollektionen lassen sich gut in Werbespots und Pressemitteilungen vermarkten. Die Nachhaltigkeitsberichte der Firmen sind mit über 100 Seiten oftmals ellenlang.

Doch für Konsumenten ist schwer zu unterscheiden, was wirklich gut und was nur gut gemeint ist.

Es stellt sich die Frage: Sind die großen Modeketten jetzt alle Weltretter? Und ziehen mit Greenpeace und anderen NGOs an einem Strang? Sicher nicht. Selbst die Vereinten Nationen – gewöhnlich eher vorsichtig im Ton – nannten die Branche 2018 einen »ökologischen und sozialen Notfall«. Kurz: Die Industrie ruiniert die Umwelt wie kaum eine andere.

Aber richtig ist auch: Seit einigen Jahren stellen die Konzerne ihre Kollektionen T-Shirt für T-Shirt, Hose für Hose auf eine nachhaltigere Produktionsweise um. Das ist ein erster Schritt, aber betrifft immer nur ein Bruchteil dessen, was insgesamt auf den Markt geworfen wird. Diese geringen Mengen können also immer nur Feigenblatt-Charakter haben.

Es ist eben nicht alles grün und fair, was auf den Bügeln hängt bei diesen Ketten. Aber für viele, die jeden Cent zweimal umdrehen müssen, sind die Ökoangebote in Einstiegspreislagen ihr erster Schritt in die Ökowelt. Idealerweise beginnt man dabei, den eigenen Konsum zu hinterfragen. Und wer einmal angefangen hat mit dem grünen Klamottenkauf, wird meistens automatisch ehrgeiziger, steigt Stück für Stück um und kauft generell weniger.

Was kann ich bei großen Ketten wirklich kaufen?

Als Faustregel gilt: Wenn Sie bei den großen Ketten kaufen, dann bitte nur die Kollektionen mit dem »grünen« Etikett – den Rest konsequent links liegen lassen. Auch mit diesen »grünen Etiketten« sind die Firmen allerdings großzügig. H&M und andere rühmen sich etwa für den Einsatz »nachhaltiger« Fasern, der schrittweise steige. Meistens ist damit der Zuwachs an »Better Cotton« gemeint, eine Art »Bio light« bei Baumwolle, deren Produktion sich um umweltverträglichere Anbaumethoden bemüht, jedoch zum Siegelwirrwarr auf dem Textilmarkt beiträgt. Echte Bio-Baumwolle sackt dagegen mengenmäßig weiter ins Bodenlose. Der

Anteil von Bio-Baumwolle beträgt momentan nur 0,4 Prozent der Welternte von Baumwolle – und sinkt anteilsmäßig auch bei den großen Ketten.

Am besten verfangen zurzeit die Recycling-Kampagnen von H&M und Co. Die Deutschen sind Weltmeister im Altkleidersammeln, und so bieten große Textilhändler inzwischen begeisterten Kunden an, selbst fleckige T-Shirts, einzelne Socken oder das ausgeblichene Kleid zurückzunehmen. Marke und Zustand der Klamotten sind egal.

Das Recycling von Kleidung steht noch ganz am Anfang

Seit 2013 gibt H&M Gutscheine für alte Klamotten aus – und die Kunden hoffen, dass sie damit etwas Gutes tun. Vollmundig verspricht H&M, bald alles im Kreislauf führen zu können und in etwas Neues und Gleichwertiges zu verwandeln. Die Realität ist noch weit weg von dieser Vision. Global wird weniger als ein Prozent erneut zu Kleidung recycelt. Dennoch sollte man Recycling nicht per se verdammen – und deshalb Kleidung einfach gleich wegschmeißen. Doch vor dem Recycling sollte immer Re-Use stehen: der Versuch, Kleidung erneut tragen zu lassen und die Lebensdauer so zu verlängern.

Fakt ist: Die wuchtige Werbung der Modeketten für ihre Kreislaufprojekte (»closed loops«) ist weit überzogen. Und die Firmen tun so, als sei alles technisch zu lösen. Vor allem dienen diese Versprechen dazu, den Wachstumskurs der Industrie nicht zu gefährden und vom steigenden Kleidungsüberfluss abzulenken. Als Treibstoff dieses Überflusses dient vor allem billiges Polyester aus frischem Rohöl und nicht etwa ökologische Premiumfasern wie Bio-Baumwolle.

Können die großen Firmen, die das Problem selbst verursachen, also wirklich Teil der Lösung sein? Und braucht es nach all den Jahren nicht große Schritte und ein komplettes Umdenken der Firmen? Bislang verweigerte sich die Modebranche vehement einer notwendigen Debatte über die emotionale und physische Haltbarkeit von Kleidung. Wirklich revolutionär wäre nämlich der Weg weg vom Verkaufen hin zum Service, etwa mit Gratis-Reparaturen.

Vom Modeverkäufer zum -dienstleister

Im April 2018 machte H&M einen zaghaften Versuch, in die Fußstapfen innovativer kleiner Unternehmen zu treten, bei denen Reparaturen bereits dauerhaft zum Geschäftsmodell gehören. Für drei Tage bot die größte Filiale in Hamburg als weltweite Premiere einen Reparatur- und Upcycling-Service mit Bügelbildern und Stickerei-Workshops an. Für den nötigen Rummel sorgten Modeblogger, YouTuber und Instagram-Stars. Revolutionär wäre es allerdings erst, wenn H&M den Wandel ernst meint und im nächsten Schritt in jeder Filiale weltweit einen Reparatur-Service anbietet und sich auf lange Sicht vom Textilverkäufer zum Textildienstleister wandelt. Analog zur Autoindustrie, wo irgendwann nicht mehr neue Autos, sondern nur noch Mobilität angeboten werden sollte.

Fazit: Das bisherige Geschäftsmodell mit dem schnell wechselnden Billig-Schick ist nicht zukunftsträchtig. Bei den großen Ketten ist noch deutlich Luft nach oben, vor allem bei den Onlinegiganten, die mehr und mehr das Modegeschäft beherrschen.

UNTER SCHWEISS UND TRÄNEN?
SPORT- UND FUNKTIONSKLEIDUNG

Unsere Kleidung muss sich bei Fitness- oder Outdoor-Aktivitäten ganz anderen Herausforderungen stellen als beim Gang ins Büro oder abends ins Kino. Sie soll wahlweise atmungsaktiv, wasserabweisend oder schweißregulierend und dabei noch leicht und funktional sein. Diese Anforderungen erfüllen die Großen der Branche seit Jahren sehr zuverlässig, aber eben nicht unter guten sozialen Bedingungen und mit biologischen Materialien. Sport- und Funktionskleidung kann aber auch nachhaltig produziert werden!

Yoga, Bouldern, Joggen – sich fit zu halten ist seit Jahren im Trend. Natürlich brauchen Sie hierfür die passende Kleidung, die sportlich und funktional sein soll. Heißt: Sie muss Schweiß mindern, atmungsaktiv sein, Regen abhalten und leicht zu pflegen sein. Damit Kleidung diese und weitere Eigenschaften für Sport- und Outdoor-Aktivitäten haben kann, werden häufig sogenannte perfluorierte Chemikalien, kurz PFC, verwendet. Diese sind nachweislich schädlich für Umwelt und Gesundheit und passen demnach eigentlich gar nicht zu den gewünschten positiven Effekten von Bewegung.

Was sind PFC?

So gut uns wetterfeste Kleidung vor jeglichem Regen oder Nässe schützt, so schädlich kann sie für unsere Umwelt sein. Denn: Wetterfeste Outdoor-Textilien können perfluorierte Chemikalien (PFC) enthalten, die umweltschädlich und gesundheitsgefährdend sind. Diese PFC verleihen Textilien wasser-, fett- und schmutzabweisende Eigenschaften. PFC sind nicht abbaubar, reichern sich an und verteilen sich weltweit. Sie werden inzwischen überall nachgewiesen: in Gewässern, im Trinkwasser, in der Nahrung, in der Luft und sogar in Blut und Muttermilch von Menschen. Einige PFC sind toxisch, können die Fortpflanzung schädigen und Krebs auslösen. Weitere Informationen über PFC finden Sie unter anderem auf der Webseite des Umweltbundesamtes[9] sowie im Outdoor-Factsheet von Greenpeace[10].

Imprägnierung ohne PFC

Doch wie können nachhaltige Unternehmen, wie etwa Patagonia, VAUDE, Houdini, PYUA, bleed oder JECKYBENG auf PFC und weitere umweltschädliche Bestandteile verzichten und dennoch Sport- und Funktionskleidung herstellen, die qualitativ hochwertig ist und unseren Ansprüche genügen kann?

Ohne Imprägnierung kommt Sport- und Funktionskleidung nicht aus. Wasser und Schmutz sollen abgehalten werden. Hierfür sorgt die sogenannte Durable Water Repellency, kurz DWR. Damit werden textile Oberflächen imprägniert, damit sich der Oberstoff nicht zum Beispiel mit Regenwasser vollsaugen kann. Für eine besonders leistungsfähige DWR musste lange Zeit PFC verwendet werden. Dank innovativer Technologien und Ersatzstoffe kann auf den Einsatz von PFC aber mittlerweile verzichtet werden, ohne an der Funktionalität Einbußen hinnehmen zu müssen.

---

3 umweltbundesamt.de/tags/pfc

4 greenpeace.de/presse/publikationen/factsheet-outdoor-branche-ohne-gefaehrliche-pfc

Nicht jede Technologie bietet auf jedem Material gleich eine gute Funktion. VAUDE setzt deswegen zum Beispiel auf das sogenannte »VAUDE Eco Finish«.[5] Hierbei greift das Unternehmen auf Alternativen zu PFC zurück, die sich nach umfangreichen Testreihen auf den Materialien der Outdoor-Kollektionen bewährt haben. Andere Hersteller wie etwa das bayerische Unternehmen JECKYBENG verzichten gänzlich auf künstliche Fasern und arbeiten stattdessen mit zertifizierter Baumwolle. Diese kann durch eine engere Webung und die Verwendung von natürlichen Wachsen ebenfalls wasserabweisend und atmungsaktiv sein.

Mikroplastik in unserer Umwelt

Doch nicht nur die Verwendung von PFC stellt in konventionell hergestellter Funktionskleidung ein Problem dar. Auch Mikroplastik stellt uns und unsere Umwelt vor eine neue Herausforderung. Vor allem Fleece, zumeist aus synthetischen Fasern gefertigt, setzt bei jedem Waschgang gewaltige Mengen Mikrofasern frei.[6] Damit fördern wir unbewusst die weitere Verschmutzung unserer Gewässer und Meere mit Plastikmüll. Achten Sie demnach bei Fleece-Produkten darauf, aus welchen Materialien diese hergestellt wurden.

Ist Sport- und Funktionskleidung auch ohne synthetische Fasern denkbar? Innovative Unternehmen wie JECKYBENG aus Bayern zeigen, dass man auch bei Funktionsbekleidung auf synthetische Fasern verzichten und zum Beispiel Baumwolle einsetzen kann. Nicht zu vernachlässigen ist allerdings, dass synthetische Fasern wie Polyester aufgrund der Eigenschaften und der Kosten weiterhin verwendet werden, trotz der negativen Umweltfaktoren. Viele Unternehmen möchten den eigenen Plastikmüll-Fußabdruck reduzieren und setzen deswegen auf recycelte

---

5 nachhaltigkeitsbericht.vaude.com/gri/produkte/wasserabweisende-materialien.php

6 greenpeace.de/presse/publikationen/factsheet-mikrofasern-gefahr-aus-dem-kleiderschrank

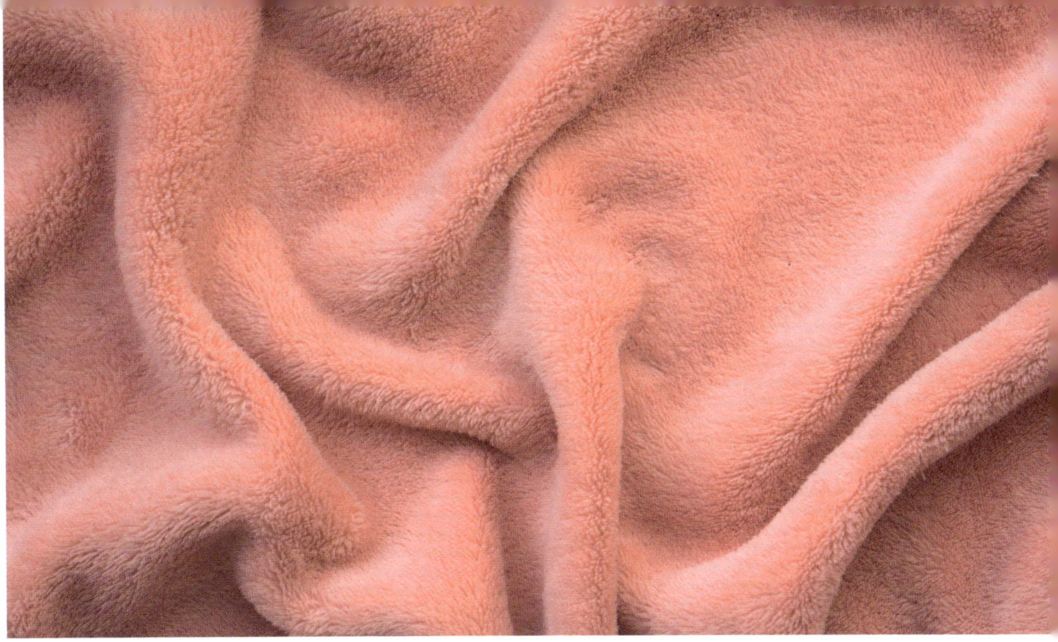

Fleece setzt beim Waschen Mikroplastik frei.

Materialien. Eine Jacke aus recyceltem Polyester stellt zwar immer noch eine Umweltbelastung dar, minimiert aber zumindest die Verbreitung von neuem Plastik.

Reparieren statt neu kaufen

Je intensiver Sie Ihre Kleidung draußen benutzen, desto eher nutzt sie sich auch ab. Doch eine gerissene Kordel oder eine nachlassende wasserabweisende Wirkung ist noch lange kein Grund, gleich in ein neues Kleidungsstück investieren zu müssen. Patagonia hat sich zum Beispiel der »Worn Wear« verschrieben. Das Unternehmen möchte, dass Sie Ihr Produkt so lange wie möglich nutzen können. Dafür gibt es zum einen Schritt-für-Schritt-Anleitungen, um die Kleidungsstücke zu reparieren und richtig zu pflegen.[7] Auf der Webseite erfahren Sie, wie Sie den Reißverschluss an einer Fleecejacke ersetzen oder wie Sie kleinere Löcher mit einem Reparaturband flicken können. Diese Anleitungen bieten viele nachhaltige Marken online an.[8] Zum anderen geht das Unternehmen auch auf »Worn Wear – Extended Play Tour«:

7 eu.patagonia.com/de/de/worn-wear-repairs

8 help.vaude.com/reparatur-pflege-taschen

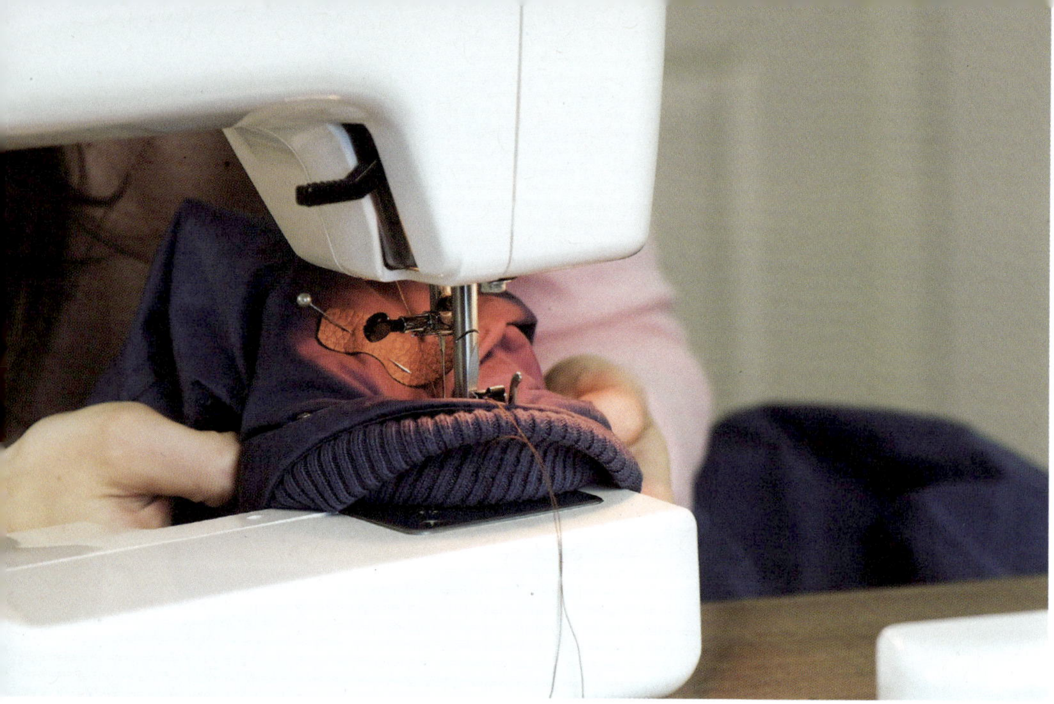

Patagonia besucht in ganz Europa ausgewählte Städte, um an mehreren aufeinanderfolgenden Tagen in kleinen Workshops defekte Produkte zu reparieren. Sie müssen sich nur für die Veranstaltung anmelden und Ihr Kleidungsstück mitbringen.

Das schwedische Outdoor-Unternehmen Houdini bietet ebenfalls einen Repair-Service an.[9] Die Kunden können direkt in einem der Houdini-Läden die Produkte reparieren lassen. Falls Sie aber nicht in der Nähe eines Ladens wohnen, können Ersatzteile auch direkt zu einem Schneider geliefert werden.

Leihen statt kaufen

Houdini geht noch einen Schritt weiter Richtung Nachhaltigkeit und bietet seine Produkte nicht nur zum Kauf an. Seit 2013 verleiht das Unternehmen Shell-Bekleidung, also Oberbekleidung für Männer und Frauen. In Stockholm, Barkarby, Göteborg und Åre kann die Kleidung in den

9 houdinisportswear.com/de/sustainability

Houdini-Stores ausgeliehen und auch wieder zurückgegeben werden. Im Anschluss werden die Textilien gepflegt und dem nächsten Kunden zur Verfügung gestellt.

Auch VAUDE setzt darauf, dass Menschen immer weniger Dinge selbst besitzen, aber dennoch gebrauchen wollen. In den VAUDE-Läden in Ravensburg und Konstanz sowie im VAUDE-Fabrikverkauf in Tettnang-Obereisenbach kann mit dem Service iRentit hochwertige Outdoor-Ausrüstung gemietet und auch wieder zurückgegeben werden.[10] Die Produkte werden im Anschluss einer Wartung unterzogen und wandern dann wieder ins Miet-Sortiment zurück.

Auch Kilenda, ein Miet-Service für Kinderbekleidung, bietet nachhaltige Funktionskleidung zum Leihen an.

Alfs Tipp

Ich spiele Tennis und gehe regelmäßig laufen. Als kleiner Junge und später auch als Heranwachsender war ich großer Fan von Andre Agassi und besaß daher sehr viel Tenniskleidung von NIKE. Von manchem habe ich mich bis heute nicht getrennt, etwa von zwei kurzen Hosen, mit denen ich heute noch spiele. Wieso? Weil sie immer noch in Ordnung sind und ich demnach keine neue (wenn auch nachhaltige) Hose brauche. Nutzen Sie gerne alles, was Sie bereits besitzen, so lange es möglich ist – selbst wenn es Fast Fashion ist. Achten Sie aber bei neuer Sportausrüstung auf die wichtigsten Siegel und Zertifikate, damit Sie Ihrem Körper nicht nur durch die Bewegung, sondern auch durch die Kleidung auf Ihrer Haut etwas Gutes tun.

10 nachhaltigkeitsbericht.vaude.com/gri/news/iRentit-by-VAUDE.php

DER NEUE GOLDSTANDARD
NACHHALTIGER SCHMUCK

Das schönste Outfit wäre manchmal nichts ohne ein schönes Accessoire. Doch beim Abbau von Gold und anderen Rohstoffen für Schmuck und Uhren kommt es immer wieder zu gravierenden Menschenrechtsverletzungen und Umweltschäden. Aber es geht auch anders: Zeit, mit fairem Schmuck Eindruck zu machen!

Wenn man bei Mode schon auf alle Eventualitäten geachtet hat und ganz gut im Rennen liegt, steht man oft fassungslos vor Schmuck. »Human Rights Watch« nahm vor einiger Zeit 13 führende Schmuck- und Uhrenhersteller unter die Lupe – darunter Bulgari, Chopard, Christ und Rolex. Dabei stellte sich heraus, dass die meisten Firmen nicht einmal wussten, woher ihr Gold und ihre Diamanten kommen. Zudem veröffentlichten die Firmen nur wenig über ihre Lieferketten zurück bis zur Mine, manche wie das Schweizer Unternehmen Rolex sogar überhaupt keine Informationen. Dabei arbeiten mehr als eine Million Kinder weltweit in Minen und der Einsatz von Chemikalien wie dem giftigen Quecksilber macht Goldabbau zu einem ungesunden Geschäft. Außerdem befeuert der Kampf um den wertvollen Rohstoff immer wieder gewalttätige Konflikte.

Höchste Zeit, mit anderen Hinguckern auf sich aufmerksam zu machen.

Der Designer Jan Spille fertigt individuellen Schmuck aus Eco und Fairtrade Gold und Silber.

Fair gehandelte Edelmetalle. Goldrichtig.

»Fairtrade« kennt man von Kaffee, von Schokolade und Bananen, aber es gibt auch zertifiziertes Gold und Silber. Die Zertifizierung garantiert den Minenarbeitern bessere Arbeitsbedingungen, faire Preise und legt Umweltauflagen fest. Das Gold stammt zudem aus Kleinbergbau, wird also nicht im industriellen Maßstab abgebaut. Eine Reihe von

Goldschmieden und Juwelieren in Deutschland bietet bereits »Fairtrade«-zertifizierten Schmuck an, etwa Trauringe, aber auch zeitlose Stücke wie Armreifen oder Ketten.
fairtrade-deutschland.de/produkte-de/gold.html

Nachhaltiger Schmuck aus Recycling-Gold und -Silber

Ökologisch noch besser schneidet Recycling-Altmetall ab. Viele Juweliere und Goldschmiede bieten ihren Kunden Schmuck aus diesem Rohstoff an oder gar die Möglichkeit, eigenen alten Schmuck, etwa Erbstücke oder Münzen, einschmelzen und zu neuem Schmuck verarbeiten zu lassen. Oft findet man Anbieter solcher Umwandlungen auch als Aussteller auf Kunsthandwerkermärkten.
In jedem Fall lohnt sich das Fragen beim Juwelier, woher die Rohstoffe für seine Produkte kommen – da lernt auch der Händler en passant, dass die Kunden sich dafür interessieren. Im besten Fall die kleinen, inhabergeführten Geschäfte bevorzugen, um das lokale Handwerk zu unterstützen.

Oder Sie schmieden Ihren Schmuck einfach selbst – in fast jeder Stadt gibt es Goldschmiedekurse (fragen Sie nach der Herkunft der Rohstoffe). Selbst Kurse für Goldwäsche werden Sie an einer Volkshochschule finden!

Stein für Stein – oder auch mal anderes Material für Schmuck?

Und natürlich muss es auch nicht immer Gold oder Silber sein, richtig? Leder, Perlen, Holz, Stoff, Messing, Steine oder Glas können auch ganz schön was hermachen. In vielen grünen Onlineshops wie dem Avocado-Store oder Glore gibt es nachhaltigen Schmuck, aber natürlich auch in den lokalen grünen Concept Stores in Ihren Städten. Einige grüne Modelabel wie People Tree oder Studio Jux haben ihr Sortiment auch um Schmuck erweitert.

Kirstens Tipps

Fremdformat bietet Schmuck aus Industrieabfall. Für ihre Stücke werden industrielle Materialien genutzt, die ansonsten in der Metallindustrie als Reststoffe geschreddert würden.

Auf pinterest.de/huusilver/ kann man über ein Abo Schmuck ausleihen. Ein Teil des Betrages geht an ein soziales Projekt. Hier gibt es in Vietnam handgefertigte Ohrringe, Ringe, Ketten und Armbänder.

DIE BESONDERE HERAUSFORDERUNG
NACHHALTIGE KINDERKLEIDUNG

Nicht nur bei der eigenen Kleidung sollten wir darauf achten, dass diese nachhaltig ist. Auch die Kleidung für den Nachwuchs sollte am besten aus biologisch angebauten Materialien bestehen und aus einer sozialen Produktion stammen. Dies ist eine besondere Herausforderung, da die Kleinsten viel häufiger die Kleidergröße wechseln müssen als die Großen. Wir haben für Sie drei Lösungsansätze, wie diese Herausforderung gemeistert werden kann.

Neu kaufen und verkaufen

Der Markt von öko-fairen Labels ist auch bei Kindermode groß und abwechslungsreich. Für jeden elterlichen und auch kindlichen Geschmack sind Produkte zu finden, die zum Beispiel aus GOTS-zertifizierter Baumwolle zu sozialverträglichen Bedingungen produziert wurden. Durch die Qualität der Kleidung und die häufig sehr kleinen Unternehmen kosten diese nachhaltigen Kinderprodukte häufig mehr als die der Fast-Fashion-Anbieter. Gerade durch die höheren Anschaffungskosten und den schnelleren Wechsel einer Kleidergröße bei Kindern stellen sich Eltern die Frage, ob sich der Kauf überhaupt lohnt.

Aber keine Sorge: Nachhaltige Kindermode lohnt sich nicht nur durch die erwähnten positiven Eigenschaften, sondern auch durch einen höheren Wiederverkaufswert. Die nur wenige Wochen getragene Winterjacke in Größe 114 lässt sich in lokalen Secondhand-Läden für Kinderkleidung oder auch über Online-Kleinanzeigen problemlos verkaufen und freut sich auch auf Flohmärkten über großen Zuspruch. Haben Sie also keine Scheu, in nachhaltige Kindermode zu investieren, selbst wenn Ihr Kind schnell aus dem Kleidungsstück herauswächst – Sie werden von Ihrem Geld einen Großteil wiedersehen.

Secondhand kaufen

Durch den teils sehr kurzen Tragezyklus bei Babys und Kleinkindern sind viele Secondhand-Stücke für Kinder in einem guten Zustand, wenn sie in Secondhand-Läden angeboten werden. Die Auswahl an unterschiedlichen Größen und auch verschiedenen Produkten ist meistens groß genug, um fündig zu werden – auch wenn dies unter Umständen etwas langwieriger ist als der Gang in die Kinderabteilung eines konventionellen Anbieters. Der bessere Weg ist es definitiv!

Alfs Tipp

Auch ich musste mich erst an den Gedanken gewöhnen, dass ein anderes Kind bereits die Kleider und Pullover meiner Tochter getragen hat. Ihnen wird es aber wie mir ergehen, wenn Sie einmal Secondhand-Kinderkleidung in der Hand hatten: Die Qualität, die in den Läden verkauft wird, ist sehr gut – und der Preis häufig sehr niedrig. Probieren Sie es einfach einmal aus, am besten gemeinsam mit Ihrem Kind oder Enkel, damit die Größe auch definitiv stimmt.

Kinderkleidung tauschen oder leihen

Wem Secondhand-Läden zu unpersönlich sind, der kann die getragene Kleidung der Liebsten auch im Freundes- und Bekanntenkreis oder mit anderen Eltern direkt tauschen. In manchen Kindereinrichtungen gibt es ein Schwarzes Brett, an dem Kleidung getauscht oder verschenkt werden kann. Leicht lässt sich auch mit mehreren Eltern zusammen eine Kleidertauschparty für die Kleinsten organisieren – inklusive Spaß der Kleinsten miteinander, während die Eltern die Kleidung tauschen.

Gleichzeitig gibt es durch Angebote wie Tchibo Share, Kilenda und kindoo® für Eltern in der Zwischenzeit auch die Möglichkeit, Kinderkleidung zu leihen bzw. zu mieten. Das bietet sich bei der Kleidung für die Kleinen noch mehr an als bei derjenigen für Erwachsene. Die Produkte können so lange behalten werden, bis der Nachwuchs herausgewachsen ist. Danach werden die Kleidungsstücke zurückgeschickt und durch Produkte in der passenden Größe ersetzt. Häufig können sich Eltern bei solchen Angeboten sogar zwischen neuen Kleidungsstücken und gebrauchter Kindermode in sehr guter Qualität zu reduziertem Preis entscheiden. Die Anbieter unterscheiden sich dabei nur unwesentlich. Leihen hat übrigens noch einen weiteren Vorteil: Der Kleiderschrank unserer Kinder wird nicht so voll wie unser eigener.

Kindermode bei dm und denn's

Neben den spezialisierten Läden für nachhaltige Kindermode bieten auch Drogerien wie dm und Einzelhändler wie die Bio-Supermarktkette denn's öko-faire Kindermode an. Was können Sie hier erwarten?

dm bietet mit »Alana« eine Eigenmarke an, die mit GOTS-zertifizierter Baumwolle arbeitet. Die Kunden können zudem über einen QR-Code im Kleidungsstück nachvollziehen, wo das Kleidungsstück produziert wurde. Im Laden selbst sind die Kleidungsstücke übersichtlich noch Größen sortiert. Kleine Größen sind häufig schnell ausverkauft.

denn's bietet in ausgewählten Filialen ein ausgesuchtes Sortiment von Männer-, Frauen- und Kindertextilien der Marke »Living Crafts« an. Das Unternehmen, das zu dennree gehört, verwendet nur GOTS-zertifizierte Materialien und ist zudem Mitglied in der Fair Wear Foundation. Wer im Supermarkt nicht fündig wird, kann im Onlineshop der Marke weiterstöbern.

GUTE FASERN, SCHLECHTE FASERN?
MATERIALIEN IM FOKUS

Baumwolle lässt ganze Landstriche ausdörren und ist obendrein meist gentechnisch verändert. Polyester stammt aus den Kesseln der chemischen Industrie, basiert auf Erdöl und belastet die Gewässer mit Mikroplastik. Die Viskoseherstellung in Asiens Fabriken wiederum verseucht die Umwelt mit giftigen Abwässern. Was ist das kleinere Übel? Gibt es überhaupt Stoffe, die man guten Gewissens tragen kann?

Leider existiert keine Faustformel für das ökologisch mustergültige Kleidungsmaterial. Alle Textilien haben ihre Vorzüge und Nachteile. Oft kommt es auf den Verwendungszweck an: Bei der selten gewaschenen Regenjacke aus Nylon zählt die Mikroplastik-Problematik vielleicht weniger als ihre Langlebigkeit. Und das schönste Kleid aus Ökoleinen wird zur Ökosünde, wenn es sein Dasein im Kleiderschrank fristet, weil es nach dem Tragen zerknittert ist. Da hilft nur genaues Hinschauen, Abwägen und Information über die Eigenschaften verschiedener Textilfasern und ihre Gewinnung.

1 NATURFASERN

Sie sind traditionell die erste Wahl für umweltbewusste Verbraucher. Ihr Vorteil: Es handelt sich um nachwachsende Rohstoffe, die grundsätzlich recyclingfähig und biologisch abbaubar sind. Ihre Verarbeitung erfordert im Vergleich zu Kunstfasern wenig Chemie. Zudem lassen sie sich in Biolandwirtschaft auf umweltverträgliche Weise gewinnen. Allerdings ist der Ökoanteil an der Gesamtproduktion von Naturfasern marginal. Stammen sie jedoch aus konventioneller Landwirtschaft, geht ihre Herstellung mit den üblichen Umweltschäden der Agrarindustrie einher, etwa Pestizidbelastung und Artenschwund.

Fasern pflanzlicher Herkunft

Baumwolle nennt man die Samenfäden des Malvengewächses *Gossypium*. Nach Polyester ist Baumwolle die meistverwendete Textilfaser überhaupt. Die wichtigsten Anbauländer sind China, USA, Indien und Usbekistan.

+ Angenehm zu tragen, haltbar, pflegeleicht. Dazu recyclingfähig und biologisch abbaubar.
- Baumwolle ist eine extrem durstige Pflanze, deren Wasserverbrauch vielerorts zu Umweltschäden führt. Da Baumwolle anfällig für Schädlinge ist, kommen große Mengen von Pestiziden zum Einsatz. Der überwiegende Teil der weltweit angebauten Baumwolle ist gentechnisch verändert, was viele Verbraucher grundsätzlich ablehnen. In Usbekistan, einem Hauptlieferanten auch für den deutschen Markt, werden Zwangsarbeiter auf Baumwollplantagen eingesetzt.

Bio-Baumwolle macht derzeit leider nicht einmal ein halbes Prozent der weltweiten Baumwollerzeugung aus.

+ Kein Kunstdünger, keine Pestizide, keine Gentechnik. Sparsame Bewässerungsmethoden oder Regenfeldbau sorgen für geringeren Wasserverbrauch.
- Geringe Verfügbarkeit.

»Better Cotton« ist eine von der Industrie und verschiedenen Nichtregierungsorganisationen getragene Initiative. Als eine Art »Bio light« bemüht sie sich um umweltverträglichere Anbaubedingungen, trägt damit jedoch zum Siegelwirrwarr auf dem Textilmarkt bei.

+ Reduzierter Wasser- und Pestizidverbrauch.
- Gentechnik und Pestizide prinzipiell erlaubt.

Leinen wird aus den Stängeln der Flachspflanze gewonnen, einer der ältesten und bis zum Siegeszug der importierten Baumwolle im 19. Jahrhundert wichtigsten Kulturpflanzen Mitteleuropas. Inzwischen wurde er zwar wiederentdeckt, doch spielt der Faserflachsanbau in Deutschland eine marginale Rolle.

+ Flachs ist relativ genügsam, eine Bienenfutterpflanze und interessant als Wechselfrucht im Bioanbau. Leinen trägt sich angenehm und ist haltbar.
- Konventionell angebauter Flachs wird mit Pestiziden behandelt. Leinenkleidung knittert stark.

oben: Flachs zur Herstellung von Leinen
Mitte: robuster Hanf-Twill
unten: Hanffeld

Hanf war einst eine wichtige Faserpflanze und sogar Rohstoff für die erste Levi's-Jeans im Jahre 1870. Auf deutschen Äckern ist er allerdings nach wie vor ein Exot, das Gros der Hanfstoffe stammt aus China.

+ Anspruchslose Pflanze, die selten von Schädlingen befallen wird. Extrem haltbare Fasern.
- Eignet sich pur nur für rustikale Stoffe, wird meist gemischt. Die Gewinnung der Fasern ist relativ aufwendig. Als Bio-Rohstoff kaum auf dem Markt.

Fasern tierischer Herkunft

Sie machen nur einen Bruchteil des Naturfaserverbrauchs aus und werden meist zu hochwertigen und eher teuren Produkten verarbeitet. Aufgrund der vergleichsweise geringen Mengen stehen dabei weniger ökologische Fragen als der Tierschutz im Vordergrund.

Wolle stammt überwiegend von neuseeländischen und australischen Schafherden (deutsche Wolle endet hingegen zumeist als Dämmstoff, weil die Verarbeitung zu Textilien hierzulande kaum lohnt). Da Schafe bei uns jedoch eine wichtige Rolle bei der Erhaltung traditioneller Kulturlandschaften spielen, ist europäische Biowolle uneingeschränkt zu empfehlen.

In den Haupterzeugerländern steht es hingegen oft schlecht um den Tierschutz. Noch immer werden vielen Lämmern zur Vermeidung von Madenbefall Hautfalten im Analbereich weggeschnitten (»Mulesing«), und Schafhalter treiben ihre Herden in Pestizidbäder, um Parasitenbefall vorzubeugen.

Cashmere- und Mohairwolle wird nicht von Schafen, sondern von Ziegen gewonnen. Wegen der gestiegenen Nachfrage nach Cashmere nehmen die Ziegenherden in den Bergregionen Zentralasiens stark zu. Sie drohen dort, seltene Wildtiere wie die Saiga-Antilope und den Schneeleopard zu verdrängen. Auch bei Mohairwolle ist die Schur der Ziegen oft grausam.

Angorawolle wiederum stammt von den namengebenden Kaninchen, denen häufig bei lebendigem Leib die Haare ausgerupft werden.

Seide nennt man die Fäden, aus denen Seidenspinnerraupen ihre Kokons bilden. Normalerweise wird die Raupe bei der Seidengewinnung getötet. Wildseide und sogenannte Ahimsa-Seide stammt von leeren Kokons, die nach dem Schlüpfen des Schmetterlings zurückbleiben. Da der junge Schmetterling den Endlosfaden mehrfach durchbeißt, ist diese Seide jedoch nicht so hochwertig.

Bei der Produktion von Bioseide dürfen die Raupen nicht mit Medikamenten behandelt werden, zudem müssen die Maulbeerblätter, die als Raupenfutter dienen, aus ökologischem Anbau stammen.

Daunen sind die feinen Unterfedern von Gänsen und Enten. Sie stammen entweder von Schlachttieren oder aber von Vögeln, die qualvoll lebend gerupft werden. Bei Gänsen kann es sich zudem um Tiere handeln, die zur Erzeugung von Gänsestopfleber gewaltsam gemästet werden. Biodaunen stammen hingegen aus artgerechter Haltung.

2 SYNTHETIKFASERN

Angesichts der massiven Umweltprobleme, die der Baumwollanbau mit sich bringt, stünden Synthetikfasern trotz ihrer Herstellung aus Erdöl in der Ökobilanz gar nicht so schlecht da – wäre da nicht das Problem des Mikroplastiks, dessen Dimensionen erst in den letzten Jahren richtig offenbar wurde. Bei jeder Wäsche geben Textilien, auch solche aus pflanzlichen Rohstoffen, eine Menge Fasern ab. Im Gegensatz zu Naturfasern sind Kunststoffe jedoch nicht biologisch abbaubar und verbleiben daher viel länger in der Umwelt. Es gibt besorgniserregende Hinweise darauf, dass solche Mikrofasern Kleinstlebewesen im Ozean schaden können. Da diese die Grundlage des Nahrungsnetzes bilden, könnten in der Folge auch Fische und andere Meerestiere bedroht sein. Wie groß die Gefahr wirklich ist, lässt sich mangels ausreichender Forschung derzeit noch nicht abschätzen. Aus Vorsorgegründen sollte die weitere Belastung der Gewässer mit Kunststoffpartikeln dringend minimiert werden.

Polyester ist der wichtigste Rohstoff der Textilindustrie. Fast zwei Drittel der weltweit produzierten Textilien bestehen aus Polyethylenterephthalat (PET), wie der Kunststoff korrekt heißt, – Tendenz stark steigend. PET wird fast ausschließlich aus Erdöl hergestellt. Prinzipiell lässt es sich auch aus nachwachsenden Rohstoffen erzeugen.

Aus Erdöl hergestellte Synthetikfasern sind nicht biologisch abbaubar.

+ Langlebig, formstabil, pflegeleicht. Geringer Wasserbedarf. Kein nennenswerter Flächenverbrauch.
– Umweltverschmutzung durch Rohölförderung und -transport. Relativ hoher Energieverbrauch. Gewässerbelastung durch Mikrofasern beim Waschen. Recycling möglich, aber schwierig.

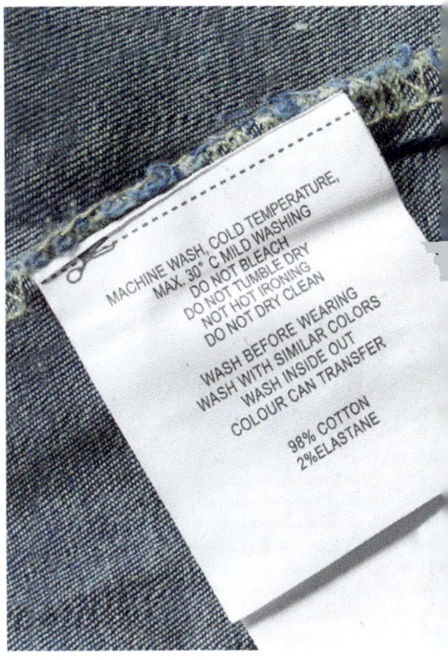

Beigemischtes Elastan behindert den Recyclingprozess.

Polyacryl (Dralon) ist eine Mischung aus mindestens 85 Prozent Polyacrylnitril und anderen Kunststoffen. Wegen seiner wollähnlichen Eigenschaften werden die Fasern vor allem zu Strickwaren verarbeitet.
+ Geringer Wasser- und Flächenbedarf. Pflegeleicht und langlebig.
– Umweltbelastung durch Ölindustrie. Besonders viel Mikroplastik-Freisetzung. Polyacryl wird bislang nicht recycelt.

Polyamid (Nylon, Perlon) ist ein Oberbegriff für eine Gruppe von Kunststoffen, die aus unterschiedlichen Grundstoffen hergestellt werden, sich aber in ihrer chemischen Struktur ähneln. Am bekanntesten ist Nylon.
+ Auch wenn Nylonstrümpfe zu Laufmaschen neigen, ist Polyamid an sich reißfest und langlebig. Recyclingfähig.
– Hoher Chemikalien- und Energieverbrauch, toxische Nebenprodukte. Erhebliche Treibhausgasemissionen (Lachgas) bei der Nylonherstellung. Hinzu kommen die üblichen Nachteile erdölbasierter Kunstfasern.

Elastan (Lycra, Dorlastan) ist ein Kunststoffgemisch, dessen Hauptbestandteil Polyurethan ist. Wegen seiner speziellen Faserstruktur ist Elastan extrem dehnbar und wird deshalb in geringen Mengen vielen eng geschnittenen Textilien beigemischt. Schon ein geringer Elastan-Anteil behindert das Recycling des Hauptmaterials.

3 CELLULOSE-REGENERATFASERN

Wegen des Einsatzes toxischer Chemikalien bei der Herstellung galt Viskose lange als Schmuddelkind unter den Textilfasern. Verbesserte Produktionsverfahren, die auf ungiftige Zutaten setzen und diese fast vollständig im Kreislauf führen, machen die Cellulose-Regeneratfasern der neuen Generation nun zu Hoffnungsträgern der Branche.

Viskose heißt im englischen Sprachraum auch Rayon. Die Zellstofffaser wird unter hohem Chemikalieneinsatz zumeist aus Holz, aber auch aus anderem Pflanzenmaterial oder Baumwollresten gewonnen. Wie umweltverträglich die Viskoseherstellung ist, hängt stark vom Stand der Technik in den jeweiligen Fabriken ab.

- \+ Geringerer Wasser- und Energieverbrauch als Baumwolle. Holz liefert pro Hektar zudem deutlich höhere Fasererträge, deshalb geringerer Flächenverbrauch. Mit moderner Technik lässt sich Viskose relativ sauber herstellen, Chemikalien können zum Teil im Kreislauf geführt werden. Viskose ist recyclingfähig und biologisch abbaubar, außerdem pflegeleicht und angenehm zu tragen.
- – Veraltete Fabriken belasten die Umwelt massiv mit giftigen Abwässern und Dämpfen. Vor allem in asiatischen Werken sind Arbeiter oft gesundheitsschädlichen Chemikalien ausgesetzt. Der Rohstoff Holz stammt häufig von ökologisch umstrittenen Plantagen oder sogar aus Raubbau an natürlichen Wäldern. Weltweit ist Holz ein knappes Gut, da es in großen Mengen auch zur Papierherstellung und als Energieträger verbraucht wird.

Makroaufnahme von Viskose

Modal ist eine Variante der Viskose, die in einem leicht abgewandelten Prozess hergestellt wird. Als Rohstoff dient zumeist Buchenholz.

- \+ Haltbarer als herkömmliche Viskose. Rohstoff Buchenholz lässt sich aus ökologischer Forstwirtschaft in Europa gewinnen.
- – Ähnliche Nachteile wie bei der Viskoseherstellung.

»EcoVero« heißt eine Viskosefaser des führenden Herstellers Lenzing.

- **+** Rohstoff Holz stammt aus zertifizierter nachhaltiger Forstwirtschaft. Sauberes Herstellungsverfahren, wird in Europa und Asien produziert.
- **–** Holz aus wirklich ökologischer Forstwirtschaft steht nur begrenzt zur Verfügung.

Lyocell (Tencel) gehört ebenfalls zur Familie der Viskosen, wird aber mit einem ungiftigen Lösungsmittel erzeugt.

- **+** Sauberes Herstellungsverfahren, geringer Wasserverbrauch, Chemikalien werden im Kreislauf geführt.
- **–** Rohstoff stammt derzeit hauptsächlich aus Eukalyptus-Plantagen.

Bambusfasern sind keineswegs Naturfasern, wie die Bezeichnung Glauben macht. Vielmehr handelt es sich um Viskose, die aus Bambus hergestellt wird.

- **+** Schnell wachsender Bambus liefert hohen Faserertrag pro Fläche.
- **–** Viskoseherstellung in Asien oft mit gravierender Umweltverschmutzung verbunden.

4 RECYCLINGFASERN

Die Idee, Hemden wieder zu neuen Hemden zu verarbeiten, ist so bestechend, dass die Textilindustrie zuletzt stark auf Recycling als Marketingargument gesetzt hat. Die Realität sieht jedoch anders aus: Wo Textilien aus Recyclingfasern gefertigt werden, stammt das Ausgangsmaterial in den seltensten Fällen aus dem Altkleidercontainer. Zumeist handelt es sich um Abfälle wie Flaschen, Teppiche oder Schnittreste aus der Fabrik. Auch deren Aufbereitung ist natürlich sinnvoll, doch bleibt das eigentliche Recycling von getragenen Kleidungsstücken eine bislang ungelöste Aufgabe.

Mechanisch recycelte Baumwolle wird durch Zerreißen alter Textilien und erneutes Verspinnen der dabei vereinzelten Fasern erzeugt.

+ Bewährtes, sauberes Verfahren mit ausgezeichneter Ökobilanz.
– Qualität der Fasern leidet erheblich, sodass sich die Recycling-Baumwolle nur gemischt mit Neuware verarbeiten lässt.

Chemisch recycelte Baumwolle (»Refibra«, »re:newcell«) ist streng genommen keine Baumwolle mehr, sondern eine Viskose- oder Lyocell-Faser.

+ Spart Holz als Rohstoff ein. Sinnvolle Abfallverwertung, hochwertiges Produkt.
– Ähnliche Probleme wie Viskose. Bisher kaum auf dem Markt.

Garn aus Recycling-Polyester

Recycling-Polyester besteht so gut wie immer aus eingeschmolzenen PET-Flaschen, die derzeit größtenteils in Asien wiederverwertet werden.

+ Im Prinzip sinnvolle Abfallverwertung. Könnte dazu beitragen, dass in Schwellenländern weniger Plastikmüll in der Umwelt landet. Gute Energiebilanz, kaum Wasserverbrauch.
– Wird meist zu Fleece verarbeitet, das beim Waschen besonders viele Mikrofasern verliert. Es besteht die Gefahr, dass Industriestaaten leere PET-Flaschen in

großem Stil zum Recycling nach Asien verschiffen, statt sie – was ökologisch wesentlich vorteilhafter ist – wieder zu befüllen.

Chemisch recyceltes Polyester (»Teijin Eco Circle«), bei dem der Kunststoff wieder in seine Grundbausteine zerlegt wird, konnte sich bislang nicht am Markt durchsetzen. Das Verfahren benötigt sehr gut sortierte Alttextilien als Ausgangsmaterial.

+ Geringer Wasser- und Energieverbrauch. Hochwertiges Produkt, das sich von Frischfasern kaum unterscheidet.
– Aufwendiger und schwieriger Prozess, der empfindlich auf Verunreinigungen reagiert. Sehr teuer. Ähnliche Mikrofaser-Verluste wie bei Neuware.

Chemisch recyceltes Nylon (»Econyl«) wird hauptsächlich aus alten Teppichen und aus ausrangierten Fischernetzen hergestellt, in Kleinmengen verarbeitet der Hersteller sogar aus den Weltmeeren geborgene »Geister«-Netze.

+ Sinnvolles Recycling problematischer Abfälle. Spart Ressourcen ein, hochwertiges Produkt.
– Ähnliche Mikrofaser-Verluste wie bei Neuware.

5 NEWCOMER UND EXOTEN

Auf der Suche nach nachhaltiger Bekleidung erproben findige Start-ups allerlei Rohstoffquellen. Oft geht es um die sinnvolle Verwertung von Produktionsabfällen aus der Lebensmittelindustrie. Diese Ansätze sind interessant und unterstützenswert; es wäre jedoch eine Illusion zu glauben, mit solchen Nischenprodukten einen nennenswerten Anteil des gegenwärtigen Textilbedarfs decken zu können. Die meisten dieser Textilien sind, wenn überhaupt schon marktreif, bislang nur bei Spezialanbietern erhältlich.

Milchfaser (»Qmilk«) liefern ein seidenartiges Gewebe aus dem Milcheiweiß Kasein. Die Herstellerfirma verwendet als Rohstoff Milch, die aus hygienischen Gründen nicht verzehrt werden darf – allein in Deutschland werden jährlich fast zwei Millionen Tonnen Milch aus diesem Grund weggeschüttet. Milchfasern sind antibakteriell, biologisch abbaubar und besonders für Allergiker geeignet.

»Seacell« wird mitunter als Algenfaser bezeichnet, besteht jedoch entweder aus Lyocell- oder Modal-Fasern, die lediglich mit vier Prozent Algenpulver gemischt sind. Die Algen dienen dabei nicht vorrangig der Rohstoffersparnis, sondern werden wegen ihrer vermuteten gesundheitsfördernden Eigenschaften eingesetzt. Nach Herstellerangaben setzt Seacell-Gewebe beim Tragen wertvolle Inhaltsstoffe frei und pflegt die Haut. Die Algen sollen auf nachhaltige Weise in isländischen Fjorden geerntet werden. Ansonsten weist Seacell dieselben positiven und negativen Eigenschaften auf wie Lyocell beziehungsweise Modal.

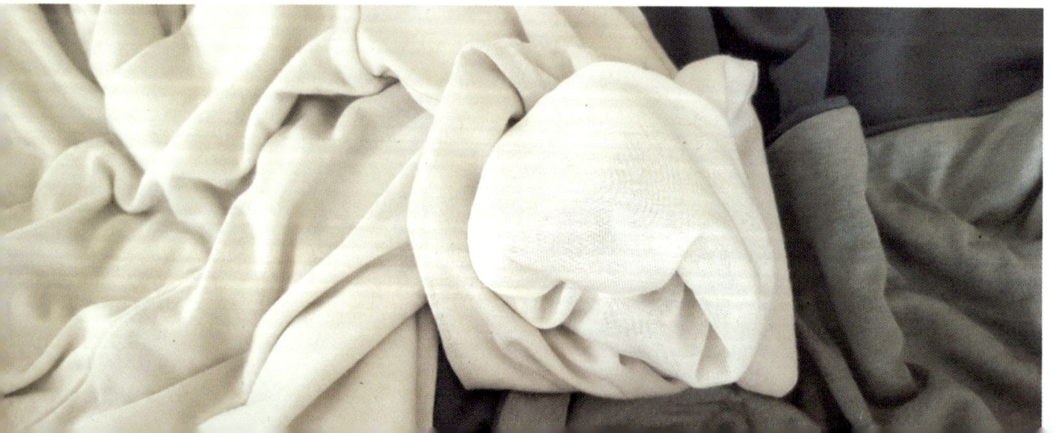

Seidenartiges Gewebe aus dem Milcheiweiß Kasein

»Orange Fiber« gehört zur Familie der Cellulose-Regeneratfasern. Sie wird von einem sizilianischen Start-up aus den Schalen und Pressrückständen erzeugt, die bei der Produktion von Orangensaft anfallen. Laut Herstellerangaben fallen allein in Italien jährlich mehr als 700.000 Tonnen ausgepresste Orangen an, die teils schwierig zu entsorgen seien. Sie als Textilrohstoff zu verwenden spart demnach nicht nur Holz als Viskose-Rohstoff ein, sondern löst zudem ein Abfallproblem und könnte den unter Preisverfällen leidenden Zitruspflanzern helfen. Die sonstigen Vor- und Nachteile des Herstellungsverfahrens entsprechen jenen der Viskose.

»Piñatex« ist ein lederartiges Textil, das aus gepressten Ananasfasern besteht. Der Hersteller Ananas Anam löst diese Fasern nach eigenen Angaben ohne Zugabe problematischer Chemikalien aus Ananasblättern heraus, die als Rückstand auf Plantagen anfallen. Aus den Fasern entsteht ein Vlies, das anschließend noch beschichtet wird, sodass es eine lederartige Struktur erhält. Wegen dieser Beschichtung ist der Stoff jedoch nicht biologisch abbaubar und auch nicht recyclingfähig. Dennoch stellt »Piñatex« vor allem für Veganer, die ansonsten zumeist Kunststoffe als Lederersatz nutzen, eine interessante Alternative dar.

Bananenfaser gehört wie Orangen- und Ananasfaser zu den Reststoffen, die in großen Mengen auf Plantagen anfallen. Jede Bananenstaude trägt nur einmal und wird danach gerodet. Schätzungen zufolge ließen sich aus den Überresten jährlich 1,5 Millionen Tonnen Bananenfasern herstellen. Damit hätte die Banane ein beachtliches Potenzial als Textilrohstoff. Derzeit werden Bananenfasern jedoch noch mit viel Handarbeit und einfachsten Maschinen gewonnen, weshalb sie relativ teuer und nur in kleinen Mengen auf dem Markt sind. Stoffe aus Bananenfaser fühlen sich ähnlich wie Wildseide an, sind aber etwas empfindlich und eignen sich schlecht für Textilien, die man oft waschen muss.

Kapok nennt man die Fasern aus den Samenkapseln des gleichnamigen Baumes, der auch als Wollbaum *(Ceiba pentandra)* bekannt ist. Er wächst in den Tropen und liefert pro

Hektar wesentlich höhere Erträge als Baumwolle. Bislang wird er meist von Kleinbauern angepflanzt und von Hand geerntet. Seine extrem leichten und wasserabweisenden Fasern lassen sich allerdings schlecht verspinnen, weshalb Kapok traditionell eher als Füllmaterial, etwa für Bettdecken und Schwimmwesten, Einsatz findet. Neue Verfahren erlauben es jedoch, Baumwolle mit bis zu 20 Prozent Kapok zu mischen und beispielsweise zu Jeans zu verarbeiten.

Kapok wird aus den Fasern des Wollbaums gewonnen.

Biologisch abbaubares Polyester (»Infinito«) ist chemisch nicht identisch mit dem gemeinhin als »Polyester« bezeichneten PET, sondern im Gegensatz zu diesem tatsächlich kompostierbar. Allerdings kommt der biologische Abbau erst bei Temperaturen über 60 Grad Celsius in Gang, sodass »Infinito«-Fasern in der Natur nicht oder nur sehr langsam zerfallen dürften. Dass der Stoff in industriellen Kompostwerken zersetzt wird, ist aus ökologischer Sicht kein wirklicher Vorzug – Recycling wäre eine weitaus bessere Alternative.

Fazit

Es bleibt dabei: Das umweltfreundlichste Kleidungsstück ist dasjenige, das ich schon seit zehn Jahren trage. Umgekehrt stellt jedes neue Kleid oder Shirt aus ökologischer Sicht ein Problem dar.

Die beste Ökobilanz weisen ohne Zweifel Naturfasern aus Bioanbau auf, also Baumwolle, Leinen und Hanf, aber auch Wolle und Seide aus ökologischer Landwirtschaft. Nur sind sie in verschwindend geringen Mengen auf dem Markt vertreten und werden nie Massenware sein. Denn Anbauflächen sind weltweit knapp und wo Bio-Baumwolle gedeiht, können keine Nahrungsmittel wachsen. Wer Kleidung aus Ökofasern trägt, schadet der Umwelt zwar nicht, sollte diese wertvollen Textilien aber dennoch bewusst konsumieren.

Mit Einschränkungen zu empfehlen sind zudem Viskosefasern aus sauberer Produktion. Da einem normalen Textiletikett jedoch nicht zu entnehmen ist, wo und wie die Viskose hergestellt wurde, sollten Verbraucher sich an Fasern wie Lyocell (Tencel), Modal oder EcoVero halten, deren Erzeugung die Umwelt grundsätzlich weniger belastet und die tendenziell auf Holz aus nachhaltiger Erzeugung basieren.

Recycling-Polyester ist einerseits wegen der Mikroplastik-Emissionen kritisch zu bewerten. Andererseits könnte das Recycling von PET-Flaschen dazu führen, dass weniger Plastikmüll im Meer landet – und damit letztlich weniger Mikroplastik. Eine abschließende Bewertung ist schwierig, da noch viele offene Fragen zu klären sind. In jedem Fall ist Recycling-Polyester frischem PET vorzuziehen. Kleidungsstücke wie Unterwäsche oder Socken, die ständig gewaschen werden, sollten jedoch besser aus Baumwolle bestehen.

Um irgendwann das Recycling von getragenen Altkleidern zu ermöglichen, wäre es zudem sinnvoll, Mischgewebe aus verschiedenen Kunstfasern und/oder Baumwolle zu meiden, das sie sich – wenn überhaupt – nur unter hohem Aufwand wiederverwerten lassen.

Umweltrisiko Fleece

Eine einzige Fleecejacke kann bis zu einer Million Fasern pro Waschgang freisetzen. Fleece verliert damit ein Vielfaches mehr an Fasern als alle anderen Textilien aus Polyester. Bei Neuware haben Wissenschaftler allein durch Absaugen, ganz ohne Wäsche, sieben Prozent Masseverlust beobachtet – alles Mikroplastik. In den Lagern der Textilketten sind deshalb teils schon Atemschutzmasken vorgeschrieben. Fleece kommt überwiegend aus Asien und wird oft extrem billig angeboten. In den Fabriken herrschen katastrophale Zustände, die ArbeiterInnen sind ungeschützt extremen Plastikstaub-Konzentrationen ausgesetzt. Beim Bürsten verliert das Gewebe etwa 20 Prozent seines Gewichts – in Form von Mikroplastik. Selbst wenn während des Bürstens abgesaugt wird, ist unklar, wie die Partikel danach entsorgt werden – etwa ungeklärt ins Abwasser und damit letztendlich doch wieder in den Meeren. Fleece sollte deshalb eigentlich auf dem Index stehen. Als Alternative gibt es Fleece aus Tencel oder Wolle, allerdings vergleichsweise teuer.

SERVICETEIL

DIESE EXPERTEN SOLLTEN SIE KENNEN

Wir freuen uns sehr, dass Sie unser Buch in der Hand halten. An dieser Stelle möchten wir Ihnen aber noch weitere Expertinnen und Experten empfehlen, die über nachhaltige Mode in allen Facetten berichten.

Madeleine Alizadeh: »Daria Daria«

2010 als Bloggerin gestartet, etablierte Madeleine Alizadeh ihren Blog *Daria Daria* schnell in der digitalen Hemisphäre. Viel gelesen und oft kommentiert legte Madeleine immer häufiger großen Wert auf nachhaltige Themen. 2017 legte sie ihren Blog auf Eis und macht seitdem mit einem eigenen fairen Modelabel, einem Podcast sowie als Speakerin von sich hören.

dariadaria.com
dariadeh.com
instagram.com/dariadaria
instagram.com/dariadeh

Anna Schunk und Marcus Werner: »Viertel/Vor«

Nachhaltigkeit aus Leidenschaft und mit Stil. So könnten man das nachhaltige Onlinemagazin »Viertel/Vor« beschreiben. Dahinter stecken Anna Schunck und Marcus Werner, die mittlerweile auf einem eigenen Hof in Brandenburg leben und versuchen, Nachhaltigkeit sinnvoll in ihren Alltag zu integrieren.

viertel-vor.com
instagram.com/viertelvormag

Marie Nasemann: »Fairknallt«

Schauspielerin, Autorin, Bloggerin und Model – Marie Nasemann ist vieles. Mit »Fairknallt« hat sie einen tollen Blog, auf dem sie unter anderem nachhaltige Mode in den unterschiedlichsten Outfits und Situationen zeigt. Darüber hinaus berichtet sie auch über Kosmetik, Schmuck und vieles mehr.
fairknallt.de
instagram.com/fairknallt

Laura Mitulla: »The OGNC«

Das deutschsprachige Blogazine »The OGNC« beschäftigt sich mit dem Thema Nachhaltigkeit. Laura Mitulla will Menschen zeigen, welche Bandbreite eine nachhaltige Lebensweise hat, frei nach dem Motto »Einfach mal anfangen«.
the-ognc.com
instagram.com/the.ognc

Oliver und Yannick: »Rethinknation«

Wer sie bei YouTube noch nicht entdeckt hat, scheint die falschen Suchbegriffe einzugeben: Oliver und Yannick sind die Jungs der Rethinknation und betreiben ihren eigenen YouTube-Channel. Mit viel Elan und Witz widmen sich die beiden dem Fair-Fashion-Kosmos auf ihre ganz eigene Art und Weise – unterhaltsam, informativ und erfrischend unkonventionell.
youtube.com/rethinknation

Nina Lorenzen, Vreni Jäckle und Jana Braumüller: »Fashion Changers«

Hinter den »Fashion Changers« steckt dreifache Frauenpower. Nina, Vreni und Jana haben eigene Blogs, entschieden sich aber, sich unter dem gemeinsamen Namen zusammenzuschließen, um Faire Mode in der öffentlichen Wahrnehmung zu pushen. Das gelingt ihnen sehr gut.
instagram.com/fashionchangers

Justine Siegler: »Justine kept calm and went vegan«

Auf ihrem Blog »Justine kept calm and went vegan« erzählt Justine Siegler aus ihrem Alltag. Und der dreht sich häufig rund um vegane Mode, Fair Fashion, Nachhaltigkeit, köstliche vegane, gesunde Rezepte und persönliche Erfahrungen. Wie lassen sich Sneaker von Stella McCartney zu einem Vintage-Fundstück kombinieren? Justine weiß Rat!
justinekeptcalmandwentvegan.com
instagram.com/justinekeptcalmandwentvegan

Fenja Kramer und Lara Keuthen: »Peppermynta Mag«

»Peppermynta« ist ein Webmagazin, erdacht und gemacht für Menschen, die sich gerne mit schönen Dingen umgeben, jedoch nicht auf Kosten anderer. Inspiration, Fair Fashion, Natural Beauty & Eco Lifestyle – dies alles ist bei Fenja und Lara zu finden. Besonders schön und gelungen sind die langen Modestrecken mit vielen tollen Outfits zu spezifischen Themen.
peppermynta.de
instagram.com/peppermynta_mag

Esther Rühe und Anna Kessel: »Die Konsumentin«

Hamburg ist die Heimat von Esther und Anna, die den englischsprachigen Blog »Die Konsumentin« betreiben. »The New Material Girl« versteht sich selbst als Konsumentin – jedoch eine, die sich der Auswirkungen ihrer Handlungen bewusst ist. Die mit Bedacht zwischen den Angeboten wählt, die ihr die materielle Welt zu bieten hat. Die Fair Fashion und Eco Fashion trägt. Wie das geht, zeigen Esther und Anna an sich selbst.
diekonsumentin.com
instagram.com/diekonsumentin

Cherie Birkner: »Sustainable Fashion Matterz«

»Sustainable Fashion Matterz«, meint Cherie Birkner – und hat damit natürlich sehr recht. Die Fotografin hat bereits viel Erfahrung in der Modeindustrie gesammelt und möchte, dass jede/r Modeliebhaber einen Unterschied macht. Deswegen hat sie ihr eigenes Netzwerk gegründet und stellt Labels, Marken und Personen aus dem Fair-Fashion-Bereich vor.
sustainablefashionmatterz.com
instagram.com/sustainablefashionmatterz

Franziska Schmid: »Veggie Love«

Die Wahlmünchnerin Franziska Schmid geht gerne den Dingen auf den Grund. Seit 2010 schreibt sie über vieles, aber vor allem über Veganismus. Gutes Essen genießen, duftige Kosmetik benutzen und coole Schuhe tragen – all das geht natürlich auch vegan. Wie das genau funktioniert, zeigt Franzsika auf »Veggie Love«.
Weil vegane Mode in unserem Ratgeber zu kurz kommt, ist ihr Blog ein Muss.
veggie-love.de
instagram.com/veggie_love

ENGAGIEREN SIE SICH!

Die besseren Konsumentscheidungen zu treffen ist bereits ein guter Anfang. Sollten Sie aber das Bedürfnis haben, noch mehr machen zu wollen, gibt es viele Vereine und Organisationen, die Sie auf ganz unterschiedliche Arten unterstützen können. Wir stellen Ihnen vier Organisationen vor.

»FEMNET e. V.«

Frauen arbeiten und leben selbstbestimmt in Würde – weltweit. Das ist die Vision von »FEMNET«. Der Verein aus Bonn setzt sich mit politischem Engagement, Bildungs- und Beratungsarbeit sowie einem Solidaritätsfonds für die Rechte von Frauen in der globalen Bekleidungsindustrie ein. Sie fordern, dass Unternehmen Verantwortung für ihr Handeln übernehmen und die Politik verbindliche Regeln schafft.

Neben der Teilnahme an den regelmäßigen Gesprächsrunden zum Thema (»FairQuatschen«) können Sie den Verein mit einer Spende unterstützen oder eine eigene Spendenaktion zugunsten von »FEMNET« organisieren. Darüber hinaus können Sie auch Vereinsmitglied werden – entweder als regelmäßiges Fördermitglied oder als aktives Mitglied. Die aktive Mitgliedschaft ist Frauen vorbehalten.

Femnet hat unter anderem 2017 den »Fair Fashion Guide« herausgegeben (den man kostenlos herunterladen kann) und mit der Modehochschule AMD die Städteführer »Buy Good Stuff« (auch als App und Webseite verfügbar).
femnet-ev.de

»Greenpeace e. V.«

Volle Fahrt voraus für unsere Umwelt. Dafür steht Greenpeace als internationale Umweltorganisation, die mit direkten, gewaltfreien Aktionen für den Schutz der natürlichen Lebensgrundlagen von Mensch und Natur und Gerechtigkeit für alle Lebewesen kämpft. Dazu zählt natürlich auch das

DETOX
our water

Thema Mode mit dem Schwerpunkt »Chemie in Textilien« und der weltweit ausgerollten Detox-Kampagne.

Greenpeace bietet für jede und jeden Möglichkeiten an, sich zu engagieren. Für Kinder und Jugendliche gibt es die Greenteams, zudem engagieren sich viele Menschen ehrenamtlich in über 100 lokalen Gruppen in ganz Deutschland. Natürlich können Sie auch bei Greenpeace online aktiv werden und die Organisation mit einer Spende unterstützen.

greenpeace.de/mitmachen
greenpeace.de/kampagnen/detox

»Kampagne für Saubere Kleidung«

Die »Kampagne für Saubere Kleidung« – oder auch »Clean Clothes Campaign Germany« – ist ein Netzwerk, das sich für die Rechte der ArbeiterInnen in den Lieferketten der internationalen Modeindustrie einsetzt. In Deutschland setzt sich das Netzwerk aus Mitglieds- und Partnerorgani-

sationen zusammen und wird von verschiedenen Regionalgruppen unterstützt. Sie arbeiten eng mit Partnerinnen und Partnern in den Produktionsländern zusammen und stehen mit internationalen Kampagnen in breiten Bündnissen in Verbindung.

Auf ihrer Webseite finden Sie ein »A bis Z« der unterschiedlichen Engagementmöglichkeiten. Schwerpunkte sind hierbei die aktive Unterstützung in einer der regionalen Gruppen des Netzwerks, Aktionen wie Adbusting, aber auch die Unterstützung durch eine Spende.
saubere-kleidung.de/aktiv-werden

»future fashion forward«

Die Idee des »future fashion forward e. V.« ist aus der globalen »Fashion Revolution«-Kampagne entstanden. Durch die Arbeit zum »Fashion Revolution Day« in Deutschland haben sich daraus einzelne Projekte entwickelt. Die langfristige Vision des Vereins ist die Etablierung einer Plattform, die die Bevölkerung über Missstände in der Bekleidungsindustrie informiert und damit zu einem positiven Wandel beiträgt, sowohl in den produzierenden Ländern als auch in Deutschland.

Sie haben die Möglichkeit, als aktives Mitglied mitzuwirken oder den Verein als Förder- oder Ehrenmitglied zu unterstützen. Ohne Mitgliedschaft können Sie den Verein auch als Volunteer unterstützen und in verschiedenen Bereichen mitwirken. Schwerpunkt der Aktivitäten liegt auf dem jährlich am 24. April stattfindenden »Fashion Revolution Day« und Aktionen rund um die Frage #who-madcmyclothes?
future.fashion/mitmachen
fashionrevolution.org/country/germany

BEZUGSQUELLEN / LÄDEN

Viele der kleinen Hersteller kämpfen in Eigenregie und mit schmalem Werbebudget um die Aufmerksamkeit der Verbraucher. Sie sind oft nicht leicht zu finden und man muss ein paar Stunden Recherche im Internet investieren, um ein besonderes Kleidungsstück zu finden. Das lohnt sich allerdings.

Deshalb raten wir Ihnen, es sich einfach zu machen und in einen grünen Concept Store zu gehen. Dort haben die Inhaber recherchiert, welche Marken wirklich fair produzieren, und Sie können bedenkenlos alles vom Bügel nehmen. Diese Läden haben oft zusätzlich einen gut gemachten Onlineshop. Die folgende Liste kann Ihnen helfen, solche Geschäfte in Ihrer Stadt zu finden. Eine noch umfassendere, mobile Ladenliste fürs Smartphone bietet der Verein »Get Changed« unter getchanged.net an.

52064 **Aachen** Hanf Kiste, Vaalser Straße 5
hempfashion.de

52064 **Aachen** Lana Outletshop, Jakobstraße 108
lana-organic.de

86150 **Augsburg** glore Augsburg, Grottenau 2
glore.de/concept-stores/augsburg

86152 **Augsburg** Latztruhe, Heilig-Kreuz-Straße 6
latztruhe.de

96047 **Bamberg** Bfair, Lange Straße 33
bfairmode.de

61348 **Bad Homburg** Maas Naturwaren, Ludwigstraße 10
maas-natur.de

72658 **Bempflingen** Vivena, Markthalle, Auf der Brühl 1–9
vivena.de

10117 **Berlin** Nix, Oranienburger Straße 32
nix.de

10178 **Berlin** Grüne Erde, Oranienburger Straße 1–3
grueneerde.com

10178 **Berlin** wunderwerk, Rosenthaler Straße 40, Hof 4/D
wunderwerk.com

10245 **Berlin** Loveco, Sonntagstraße 29
loveco-shop.de

10247 **Berlin** Snugata, Bänschstraße 34
snugata.de

10365 **Berlin** Hoppla Charlotte, Alfredstraße 4
hopplacharlotte.de

10405 **Berlin** Wertvoll – Eco-Fashion, Marienburger Str. 39
wertvoll-berlin.com

10435 **Berlin** wunderwerk, Kastanienallee 11
wunderwerk.com

10437 **Berlin** GreenPosh, Senefelderstraße 8
info@greenposh.de

10437 **Berlin** Lila Lämmchen, Dunckerstraße 79
lilalaemmchen-shop.de

10437 **Berlin** Maas Naturwaren, Lychener Straße 53
maas-natur.de

10719 **Berlin** hessnatur Pop-up Store, Kurfürstendamm 38
hessnatur.com

10967 **Berlin** Moeon, Schönleinstraße 10
moeon.de

10999 **Berlin** Supermarché, Wiener Straße 16
supermarche-berlin.de

12045 **Berlin** Wesen, Tellstraße 7
wesen-berlin.com

12045 **Berlin** Wesen, Weserstraße 91
wesen-berlin.com

12047 **Berlin** standard saubere sachen, Reuterstraße 53
standard-saubere-sachen.de

12049 **Berlin** Jyoti – FairWorks, Okerstraße 45
jyoti-fairwowrks.org

12049 **Berlin** Süßstoff, Kienitzer Straße 91
facebook.com/suessstoff.neukoelln/about

33602 **Bielefeld** Fairticken, Goldstraße 9
fairticken-shop.de

33602 **Bielefeld** Maas Naturwaren, Obernstraße 51
maas-natur.de

44787 **Bochum** Kong Island, Hellweg 2
kong-island.de

44787 **Bochum** Native Souls, Kortumstraße 117
nativesouls.de

53111 **Bonn** kiss the inuit, Friedrichstraße 58
kisstheinuit.de

53111 **Bonn** Maas Naturwaren, Bonngasse 23
maas-natur.de

53115 **Bonn** Alma & Lovis, Haydnstraße 36
almalovis.de

38100 **Braunschweig** Jojeco fairfashion, Ölschlägern 30
jojeco.de

28195 **Bremen** Ecoture, Ansgaritorstraße 4
ecoture-bremen.de

28195 **Bremen** fairtragen, Museumstraße 2
fairtragen.de

28203 **Bremen** fairtragen, Ostertorsteinweg 90
fairtragen.de

28757 **Bremen** Ecoture, Reeder-Bischoff-Straße 32
facebook.com/EcotureBremen/

35510 **Butzbach** hessnatur Outlet, Marie-Curie-Straße 7
hessnatur.com/de/store/laden-butzbach

64283 **Darmstadt** Soulid, Schulstraße 5
soulid.de

44135 **Dortmund** FairBleiben, Heiliger Weg 3–5
fairbleiben.com

44135 **Dortmund** Pure, Kaiserstraße 64
dortmund-ahoi.de

01099 **Dresden** populi, Luisenstraße 3
shop.populi-mode.de

01139 **Dresden** Miranda Merra, Peschelstraße 33
mirandamerra.com

40213 **Düsseldorf** hessnatur Konzeptladen, Carlsplatz 21
hess-natur.com

40233 **Düsseldorf** green guerillas, Ackerstraße 113a
green-guerillas.de

40233 **Düsseldorf** Plup – Planet Upcycling, Ackerstraße 168b
planet-upcycling.de

40233 **Düsseldorf** wunderwerk, Ackerstraße 133
wunderwerk.com

40223 **Düsseldorf** Yavana, Brunnenstraße 32
yavana.de

40477 **Düsseldorf** Roberta, Nordstraße 71
roberta-thestore.com

40489 **Düsseldorf** Kleiderswerth, Kaiserswerther Markt 47
kleiderswerth.de

85072 **Eichstätt** Fairwandel, Pfahlstraße 49
fairwandel.de/unser-laden

91054 **Erlangen** Dreikoenig, Kammererstraße 4
facebook.com/dreikoenigfairfashion

45127 **Essen** Native Souls III., Hagen 29
nativesouls.de

45145 **Essen** fairhavn, Berliner Straße 51
fairhavn.de

60311 **Frankfurt/Main** Grüne Erde, Kaiserstraße 5
grueneerde.com

60311 **Frankfurt/Main** hessnatur, Kaiserstraße 3
hess-natur.com

60316 **Frankfurt/Main** Organicc, Berger Straße 19
organicc.de

60487 **Frankfurt/Main** Maas Naturwaren, Leipziger Straße 18
maas-natur.de

79098 **Freiburg** Zündstoff, Moltkestraße 31
zuendstoff-clothing.de

79100 **Freiburg** fairjeans, Vaubanallee 13a
fairjeans.de

90762 **Fürth** Farcap, Gustavstraße 31 und 35
farcap.de

33334 **Gütersloh** Maas Naturwaren, W.-v.-Siemens-Straße 2
maas-natur.de

58089 **Hagen** Cocccon, Landesstraße 22
cocccon.de

58095 **Hagen** Onkel Jo sein Laden, Mittelstraße 8
onkeljoseinladen.com

06108 **Halle** Ankleidezimmer Grofle, Ulrichstraße 29
ankleidezimmer.tv

20095 **Hamburg** Grüne Erde, Hermannstraße 18
grueneerde.com

20095 **Hamburg** hessnatur, Alstertor 17
hessnatur.com

20095 **Hamburg** Manufactum, Fischertwiete 2
manufactum.de

20144 **Hamburg** Maas Naturwaren, Grindelallee 166
maas-natur.de

20144 **Hamburg** Marlowe nature, Beim Schlump 5, Marlowe nature men & sports, Beim Schlump 9 und in 22765, Marlowe nature im Weltladen, Bahrenfelder Str. 176
marlowe-nature.de

20146 **Hamburg** paletti Naturtextilien, Rutschbahn 5
paletti-naturwaren.de

20249 **Hamburg** Love it green, Schrammsweg 4
facebook.com/love-it-green-131357590281923

20357 **Hamburg** glore, Marktstraße 31
glore.de/concept-stores/hamburg

20357 **Hamburg** Vunderland, Marktstraße 137
vunderland.de

20359 **Hamburg** merijula, Wohlwillstraße 24
merijula.com

20359 **Hamburg** Rosenblatt u. Fabeltiere, C.-Schultz-Straße 43
rosenblatt-und-fabeltiere.de

22765 **Hamburg** Ware Werte, Keplerstraße 15
warewerte.de

30159 **Hannover** Greenality, Osterstraße 1
greenality.de

30161 **Hannover** Maas Naturwaren, Lister Meile 29a
maas-natur.de

69117 **Heidelberg** Friedrich, Friedrich-Ebert-Anlage 1
facebook.com/friedrichheidelberg

69117 **Heidelberg** Goodshouse, Hauptstraße 113 a
goodshouse-heidelberg.de

69120 **Heidelberg** Coccon, Brückenstraße 10
coccon-hd.de

52525 **Heinsberg** blickfang fairschönt, Hochstraße 64
blickfang-hs.de

95233 **Helmbrechts** bleed Lagerverkauf, Münchberger Str. 42
bleed-clothing.com

85049 **Ingolstadt** Weltladen Ingolstadt, Schrannenstraße 32
weltladen-in.de

41564 **Kaarst** Kolibri, Maubisstraße 29
kolibri-kaarst.de

24103 **Kiel** Lovlisue, Schülperbaum 26
lovlisue.de

50667 **Köln** Grüne Erde, Breite Straße 112
grueneerde.com
50667 **Köln** Lanius, Apostelnstraße 6
lanius.com
50667 **Köln** Mundo Verde – Eco Fashion, Krebsgasse 5–11
mundo-verde-fashion.de
50670 **Köln** kiss the inuit, Schillingstraße 11
kisstheinuit.de
50670 **Köln** Lanius, Neusserstraße 61
lanius.com
50672 **Köln** Fairfitters, Brüsseler Straße 77
fairfitters.de
50674 **Köln** green guerillas, Roonstraße 82–84 und in 50677, Merowingerstraße 6
green-guerillas.de
50677 **Köln** Lanius, Merowingerstraße 7
lanius.com
78462 **Konstanz** Maas Naturwaren, Wessenbergstraße 32
maas-natur.de
76829 **Landau / Pfalz** Weltherz, Theaterstraße 20
welt-herz.de
04109 **Leipzig** Grünschnabel, Nikolaistraße 20
gruenschnabel-shop.de
04229 **Leipzig** deepmello and friends, Karl-Heine-Straße 44
deepmello.com
23552 **Lübeck** Freistil im Weltladen, Hüxstraße 83–85
freistil-luebeck.de
23552 **Lübeck** Shirts for life Store, Hüxstraße 32
shirtsforlife.de
53116 **Mainz** Weltladen Unterwegs, Christofsstraße 9
weltladenmainz.de
68161 **Mannheim** Naturbekleidung HautNah, M7 13
naturbekleidung-hautnah.de
68161 **Mannheim** umgekrempelt, M2 15a
umgekrempelt-mannheim.de
80333 **München** heimlich laut, Theresienstraße 63
heimlich-laut.de
80469 **München** Auryn, Reichenbachstraße 35
auryn-naturfashion.com

80469 **München** A better story, Auenstraße 2a
abetterstory.de
80469 **München** Grüne Erde, Frauenstraße 6
grueneerde.com
80469 **München** Phasenreich, Reichenbachstraße 23
phasenreich.net
80634 **München** StoffArt, Volkartstraße 17
stoffart-muenchen.de
80799 **München** iki M., Adalbertstr. 45, Eingang Barerstr.
iki-m.de
80801 **München** hessnatur, Hohenzollernstraße 10
hessnatur.com/de/store/laden-muenchen
80801 **München** Wäschewunder, Kaiserstraße 51
waeschewunder.de
80999 **München** Wam Lifestyle & Shopping,
Franz-Nißl-Straße 24
wam-shopping.de
81241 **München** Let Life Flow Atelier, Salzburgerstraße 1
barbaraheinze.com
81667 **München** room to roam, Johannisplatz 21
room-to-roam.com
48143 **Münster** gruene wiese, Spiekerhof 29
gruenewiese-shop.de
48143 **Münster** Maas Naturwaren, Windthorststraße 31
maas-natur.de
48153 **Münster** frau többen, Hammer Straße 55
frautoebben.de
90402 **Nürnberg** glore, Karl-Grillenberger-Straße 24
glore.de/concept-stores/nuernberg
90402 **Nürnberg** Grüne Erde, Vordere Sterngasse 2a
grueneerde.com
26122 **Oldenburg** Hella & Hermann, Burgstraße 10
hella-hermann.de
26129 **Oldenburg** Maas Naturwaren, Uhlhornsweg 99
maas-natur.de
49088 **Osnabrück** 34/19 Organic Clothing, Redlinger Str. 9
34-19.de
82467 **Partenkirchen** kleidungsladen, Ludwigstraße 55
kleidungsladen.de

94032 **Passau** Kolibri, Theresienstraße 11
kolibri-passau.de

14467 **Potsdam** Bleib sauber!, Lindenstraße 5
facebook.com/Bleib-Sauber-582417171943311

70173 **Stuttgart** glore, Eberhardstraße 10
glore.de/concept-stores/stuttgart

70173 **Stuttgart** Greenality, Fürstenstraße 5
greenality.de

70173 **Stuttgart** Grüne Erde, Breite Straße 2
grueneerde.com

70173 **Stuttgart** Ottilie, Breite Straße 4
ottilie-stuttgart.de/laden

70173 **Stuttgart** Weltladen an der Planie, Charlottenplatz 17
weltladen-planie-stuttgart.de

70190 **Stuttgart** schlechtmensch, Neckarstraße 86
schlechtmensch.de

48291 **Teltge** Parlazzo, Kapellenstraße 4
parlazzo-mode.de

83278 **Traunstein** kleidungsladen, Jahnstraße 31a
kleidungsladen.de

54290 **Trier** Flax Naturtextil, Neustraße 76
flax-naturtextil.de

72070 **Tübingen** style afFAIRe, Hafengasse 11
styleaffaire.de

89073 **Ulm** Ulmer Weltladen, Pfauengasse 28
ulmer-weltladen.de

90530 **Wendelstein** Sorg Natural Outfitters, Talstraße 2a
naturaloutfitters.de

97070 **Würzburg** Weltladen Würzburg, Plattnerstraße 14
weltladen-wuerzburg.de

WEITERE EMPFEHLUNGEN

Dokumentationen

»The True Cost« Die Fast-Fashion-Dokumentation schlechthin ist »The True Cost – Der Preis der Mode«. Darin legt Regisseur Andrew Morgan sein Augenmerk auf die verheerenden Auswirkungen der modernen Textilindustrie. Mit einem von strahlenden Laufstegen zu trostlosen Slums wandernden Blick auf verschiedenste Nationen veranschaulicht Morgan in seinem Film die folgenschweren Schattenseiten der Mode. Diese Dokumentation ist ein Muss.
netflix.com/title/80045667

»Made in Bangladesh« Mark Kelley von CBC News zeigt uns in dieser preisgekrönten TV-Dokumentation »Made in Bangladesh«, wie die Menschen leben, die in Bangladesch unsere Kleidung herstellen. Zudem führt er ein Exklusivinterview mit einem inhaftierten Unternehmer, dessen Fabrik in der Rana-Plaza-Tragödie eingestürzt ist.
youtu.be/onD5UOP5z_c

»Unravel« Wo landet eigentlich der Großteil unserer gespendeten Kleidung? »Unravel« von Regisseurin Meghna Gupta gibt uns in ihrer Dokumentation einen Einblick, der uns nach Indien führt. Vierzehn Minuten, die Augen öffnen.
aeon.co/videos/this-is-the-final-resting-place-of-your-cast-off-clothing

»RiverBlue« Welchen Einfluss hat die Modeindustrie eigentlich auf unser Wasser? »RiverBlue« geht genau dieser Frage auf den Grund und nimmt uns mit auf eine Reise rund um den Globus. Eine eindrucksvolle Dokumentation.
riverbluethemovie.eco/the-film

»Sneaker Stories« Ein Film über die Macht von Konsum und Globalisierung, der seine Spurensuche im Alltag und in den Träumen urbaner Jugendlicher betreibt. In genauen Beobachtungen werden die Auswirkungen der Marketingschlacht um das Fetischobjekt »Turnschuh« auf die indivi-

duellen Lebensläufe von drei Jugendlichen dokumentiert. Nicht nur für absolute sneaker heads sehr sehenswert.
sneakerstories.com/deutsch/film

Podcasts

»Fashion Revolution Podcast« Warum sollten wir uns einen Gedanken über unsere Kleidung machen? Wie ergeht es den ArbeiterInnen, die unsere Kleidungsstücke herstellen? Was können wir selbst ändern und wie können wir aktiv werden, um Unternehmen zu einer besseren Produktion unserer Kleidung zu bringen? Diesen und vielen weiteren Fragen geht der Podcast der NGO »Fashion Revolution« auf den Grund.
fashionrevolution.org/resources/listen-to-the-fashion-revolution-podcast

»Conscious Chatter« Kestrel Jenkins lässt in ihrem Podcast »Conscious Chatter« die Menschen hinter Fair Fashion zu Wort kommen. Neben Mode spielen weitere nachhaltige Themen wie Kosmetik und Interior eine Rolle.
consciouschatter.com/the-podcast

Bücher

»Das Kleiderschrank-Projekt« Wie bereits erwähnt, empfehlen wir die Lektüre von »Das Kleiderschrank-Projekt« von Anuschka Rees. Neben dem Buch, mit dem Sie systematisch zum eigenen Stil und zu einem bewussten Modekonsum finden, erschien auch das begleitende Praxisbuch mit Fragebögen, Wochenplänen und Checklisten.
dumont-buchverlag.de/buch/rees-kleiderschrank-9783832199265

»Fashion made fair« Welche Marken sind fair, öko und stylisch? Ellen Köhrer und Magdalena Schaffrin stellen in »Fashion made fair« ausgewählte Marken und Labels vor, die auch dem Letzten das Argument nehmen, Fair Fashion sei langweilig.
randomhouse.de/Buch/Fashion-Made-Fair/Ellen-Koehrer/Prestel/e486820.rhd

»ReDESIGN« Neues nähen aus alten Kleidern ging noch nie so leicht wie mit »ReDESIGN« von Frau Jona & Son. Nach dem Legen der Basis und dem Eintauchen in Farbe und Style zeigt die Autorin mit tollen Anleitungen, wie Leggings bemalt, ein verlängerters T-Shirt mit geometrischer Applikation, ein Loop aus Stoffresten oder ein Hemdblusenkleid entstehen kann.
haupt.ch/Verlag/Buecher/Gestalten/Textildesign-Mode/ReDesign.html

»Einfach leben« Wie geht das noch einmal mit dem Minimalismus? Wer darauf eine leicht verständliche Antwort sucht, wird bei Lina Jachmann und »Einfach leben« fündig. Der Guide für einen minimalistischen Lebensstil nimmt den Leser gut an die Hand und wartet nicht nur mit großen Veränderungen, sondern auch mit kleinen Schritten für den Alltag auf.
knesebeck-verlag.de/einfach_leben/t-1/541

QUELLEN

Fünfter Jahrestag Rana Plaza am 24. April 2018/Mindestlöhne in Bangladesch, tagesschau.de/ausland/rana-plaza-gedenken-103.html

Importstopp von Secondhand-Kleidung in Ruanda, sueddeutsche.de/politik/altkleider-in-afrika-bitte-nicht-stoeren-1.3977607?reduced=true

Secondhand-Kleidung verliert Stigma und Prognosen zum Wachstum des Marktes (Report 2018), thredup.com/resale

Zahlen, Daten, Fakten zur globalen Modeindustrie – Schwerpunkt Arbeitsschutz – mit Download der Broschüre »Fair Fashion Guide« von femnet e. V., fairfashionguide.de/#section1

Fakten zum Modekonsum der Deutschen, Greenpeace-Studie »Wegwerfware Kleidung« (2015), greenpeace.de/files/publications/20151123_greenpeace_modekonsum_flyer.pdf

Reste/Verschnitt etc., die bereits bei der Produktion von Kleidung in Fabriken entstehen. Castle, N. & Runnel, A. (2017): The undiscovered Business Potential of Production Leftovers within Global Fashion Supply Chains. reverseresources.net/about/white-paper

Recycling – weltweit Ellen Mac Arthur Foundation: A new textiles economy: Redesigning fashion's future, 2017, ellenmacarthurfoundation.org/publications

Einkommen von TextilarbeiterInnen im internationalen Vergleich, workerdiaries.org/

Oxfam-Vergleich Einkommen Vorstandsvorsitzender vs. Näherin in Bangladesch, Zusammenfassung auf Deutsch, oxfam.de/system/files/factsheet_deutsch_-_der_preis_der_profite_-_zeit_die_ungleichheits krise_zu_beenden.pdf; Original auf Englisch (siehe Seite 48), oxfam.org/en/research/reward-work-not-wealth; siehe auch: oxfam.org/en/even-it/5-shocking-facts-about-extreme-global-inequality-and-how-even-it-davos

Pestizid-Einsatz bei Baumwolle – Studie von PAN UK (2017), pan-uk.org/cottons-chemical-addiction/

Bio-Baumwolle – Fakten in Kürze, textileexchange.org/wp-content/uploads/2017/06/Textile-Exchange_Quick-Guide-To-Organic-Cotton_2017.pdf

ÜBER DIE AUTOREN

Kirsten Brodde ist Deutschlands profilierteste Kritikerin der Textilindustrie. Sie leitet die globale Detox-Kampagne von Greenpeace, die sich mit den Umweltschäden der überhitzten Modebranche beschäftigt. Ihr Buch »Saubere Sachen« (2008) ist ein Standardwerk zum Thema Ökomode. Von 2012 bis 2015 war sie Mitglied der Jury des Bundespreises »Ecodesign«. Sie stöbert in Ökoboutiquen genauso gern wie auf Secondhand-Tauschpartys.
gruenemode.de
facebook.com/GrueneMode
twitter.com/kbrodde

Alf-Tobias Zahn ist Vater und Blogger. Er arbeitet als Kommunikationsberater und Projektleiter für gute Kunden bei »Studio GOOD Berlin«. Er bloggt seit dem Studium und schreibt seit Jahren über diese ominöse »Grüne Mode«. In seinem eigenen Blog »GROSSΔRTIG« stellt er grüne Schätze für Männer und Frauen mit Substanz und Stil vor. Er ist zudem Teil der Blogger-Initiative »Wardrobe Revolution«.
grossvrtig.de
instagram.com/alftobiaszahn

Der **Fotograf René Zieger** stammt aus Dresden. Von 2003 bis 2010 studierte er Fotografie an der HTW Berlin. In seiner Abschlussarbeit »Retired Soil« widmete er sich den übrig gebliebenen Landschaften des Braunkohleabbaus in Ostdeutschland. Er ist unter anderem Archivfotograf der Agentur »Ostkreuz« und arbeitet aktuell an einem Projekt über den Goldbergbau in Rumänien. René fotografierte uns und unsere liebsten Outfits exklusiv für dieses Buch und geht mit Alf gerne auf einen Stadtrundgang durch Berlin.
renezieger.de

DANKSAGUNG

Kirsten Ein großer Dank an Alf, mit dem der Ratgeber doppelt Spaß gemacht hat. Dank auch an meine Freundin Alexandra, ohne deren Talent für Recherche und Gespür für Text ich aufgeschmissen wäre. An meine Kollegen bei Greenpeace, die mir das Buch-Schreiben neben meinem Aktivisten-Fulltime-Job ermöglicht haben. An meine großen Kinder Paulina und Leonard, die im Alltag immer alles ausprobieren müssen, was mir in Sachen Ökomode und mehr so einfällt – vom Siebdruck-Kurs bis zum Besuch von Fertigungsstätten im Familienurlaub.

Alf Ein großer Dank an Kirsten, ohne die ich wohl nie einen Ratgeber geschrieben hätte. Vielen Dank an René, ohne den Kirsten und ich im Ratgeber kaum so gut aussehen würden. Ein dickes Dankeschön auch an Studio GOOD, ohne die das Buch vermutlich nicht entstanden wäre. Danke an Mark, ohne den die Kostenaufschlüsselung nicht so präzise geworden wäre. Vielen Dank auch an Dani, ohne die »Einfach anziehend« digital nicht so gut aussehen würde, sowie an Deniz, ohne den es keinen Blog zum Ratgeber gäbe.
Ein großer Dank geht an meine Mama, ohne die vieles in meinem Leben nicht möglich gewesen wäre. Zu guter Letzt ein großer Dank an Christina und Ava, die mir den Rücken freigehalten haben und ohne die mein Leben kaum so schön wäre, wie es ist.

BILDNACHWEIS

René Zieger: S. 7, 17, 38–51

Shutterstock: S. 13/ Maximum Exposure PR, S. 18/itakdalee, S. 19/anastasiia agafonova, S. 54/melnikof, S. 69/All About Space, S. 74/Alf Ribeiro, S. 87 oben/casadaphoto, S. 87 unten/StockStudio, S. 88/Martin de Jong, S. 93/Olga Mazina, S. 106/Jes2u.photo, S. 107/Tarzhanova, S. 108/ Savelov Maksim, S. 114/wasanajai, S. 124/StevenK

Fotolia: S. 9/Zeitgugga6897, S. 10/Buffaloboy, S. 11/Fotoschlick, S. 26/Daniela Stärk, S. 29/4Max, S. 30 rorygezfresh, S. 32/redaktion93, S. 53, 55/ Роман Самсонов, S. 65/ redaktion93, S. 66/terovesalainen, S. 73/ yosef19, S. 79/Kalinovsky Dmitry, S. 85/oksix, S. 94/familylifestyle, S. 101/vectorfusionart, S. 102/Alden Wicker, S. 104 oben/Anneke, S. 104 unten/VRD, S. 109/Mr. Preecha, S. 111/abimagestudio

Unsplash: S. 14/Alexa Mazzarello, S. 20 Dan Gold, S. 23/Brooke Cagle, S. 24/Priscilla du Preez, S. 25/Alexandra Gorn, S. 35/Renata Fraga, S. 36/Frank Flores, S. 90/Clique Images, S. 99/Annie Spratt, S. 105/ Christoper Burns, S. 116/Thomas Quaritsch

Pixabay: S. 76, 81

Sonstige: S. 56/Golden Joinery, S. 63/Alena Ozerova, S. 82/www.qmilk fiber.eu, S. 96/Jan Spille Schmuck, www.janspille.de, S. 104 Mitte/ Anita Pavani Stoffe OHG – naturstoff.de, S. 110/biostoffe.at, S. 112/ gangart, S. 118 oben/Maximilian Salzer, S. 118 Mitte/Viertel/Vor, S. 119 oben/Muriel Liebmann, S. 119 Mitte/Laura Mitulla, S. 119 Mitte/ Rethinknation, S. 119 unten/Lydia Hersberger, S. 120 oben/Timo Roth, S. 120 Mitte/Katharina Oppersthäuser, S. 120 unten/Anna Blume, Esther Rühe, S. 121 oben/Lydia Hersberger, S. 121 unten/Grit Siwonia, S. 123/Wu Di/Greenpeace

Nachhaltigkeit bei oekom: Wir unternehmen was!

Die Publikationen des oekom verlags ermutigen zu nachhaltigerem Handeln – glaubwürdig und konsequent. Auch als Unternehmen sind wir Vorreiter: Ein umweltbewusster Büroalltag sowie umweltschonende Geschäftsreisen sind für uns ebenso selbstverständlich wie eine nachhaltige Ausstattung und Produktion unserer Publikationen.

Für den Druck unserer Bücher und Zeitschriften verwenden wir fast ausschließlich Recyclingpapiere, überwiegend mit dem Blauen Engel zertifiziert, und drucken wann immer möglich mineralölfrei und lösungsmittelreduziert. Unsere Druckereien und Dienstleister wählen wir im Hinblick auf ihr Umweltmanagement und möglichst kurze Transportwege aus. Dadurch liegen unsere CO_2-Emissionen um 25 Prozent unter denen vergleichbar großer Verlage. Unvermeidbare Emissionen kompensieren wir zudem durch Investitionen in ein Gold-Standard-Projekt zum Schutz des Klimas und zur Förderung der Artenvielfalt.

Als Ideengeber beteiligt sich oekom an zahlreichen Projekten, um in der Branche und darüber hinaus einen hohen ökologischen Standard zu verankern. Über unser Nachhaltigkeitsengagement berichten wir ausführlich im Deutschen Nachhaltigkeitskodex (www.deutscher-nachhaltigkeitskodex.de).

Schritt für Schritt folgen wir so den Ideen unserer Publikationen – für eine nachhaltigere Zukunft.

Jacob Radloff
Verleger

Dr. Christoph Hirsch
Leitung Buch